文字小讲

青少版

汉字里的古代生活

许进雄

著

CNS 湖南文艺出版社
HUNAN LITERATURE AND ART PUBLISHING HOUSE

小博集
BOOKY KIDS

文字小讲青少版

出版说明

　　陈寅恪先生说过:"凡解释一字,即是作一部文化史。"作为世界上四大文明古国之一,中国的文字有着数千年的发展历史,见证了不同时期的社会变迁。了解中国文字的发展过程,对于了解中华民族的发展,推敲文化、制度、环境等社会变迁,传承与弘扬中华文化,具有重要意义。为此,许多汉语言学家、甲骨文学家、文字学家孜孜以求,以严谨、科学的态度对中国文字进行深入研究和考证。许进雄先生就是其中一位。

　　许先生是著名的文字学家、甲骨文权威学者,专精于甲骨文研究,曾受聘于加拿大多伦多皇家安大略博物馆,发现以甲骨钻凿形态为标准的断代法,被安阳博物馆甲骨展厅评为对甲骨学有重大贡献的二十五名学者之一,著有《简明中国文字学》《文物小讲》《中国古代社会》等专业论著。

　　"文字小讲青少版"系列脱胎于许先生荣获 2016 年

"中国好书"的著作《文字小讲》，本系列围绕"服饰""出行""居住""人体""农事""娱乐""工艺""器物"8个主题讲解了100个中国文字的前世今生，用通俗易懂的语言阐述了造字创意、产生缘由、字形和字义的演变等方面内容，将文字背后的社会、政治、文化、制度、世人生活、地域风俗等历史图景展现在青少年读者眼前，揭露文字的秘密。

　　在编辑过程中，为了帮助青少年读者更容易理解文字的源由，我们在作者原书的基础上参考了《辞海》《现代汉语词典》"中国科学院"官方网站等资料，不仅对一些生僻字做了注音，还增加了注释和"知识链接"模块，补充了相关知识，争取为青少年读者提供更好的阅读体验。

　　本系列中除了作者提供的大量珍贵的文物图片，包括实物图、拓印图、原貌复原图等，我们还根据每篇的主要内容，增加了趣味彩图，在拓宽知识面的同时，还增加了阅读的趣味性。

编者

自序

　　我的朋友赖永松，二○○八年在 PChome^① 的报台开辟了一个部落格，名为"一日一言"，用像是新诗的短句，抒发令人深思的人生经验与哲理。另一个朋友杨风更经营四个部落格，发表不同领域的作品，也勤于创作油画。朋友们每周一次在杨风的住处聚会聊天，顺便欣赏他的画作。有一天我做了一个梦，梦到赖永松拿来一堆打算出版的文稿要我写序。其文稿图文并茂，显然是我把对赖兄的文章与杨兄的画作的印象合而为一，在梦中显现。我记得我用甲骨文的"强"字来评论赖兄的文章。甲骨文的"强"字由弓与口组成（ ），强调反弹力强的弓难于拉满，只能拉成像嘴巴的样子。就如同赖兄的文章虽短，却句句有力道，有哲理，令人回味无穷。第二天我把梦境的内容在他的部落格上留言，他的读者竟然就纷纷问起我有关中国文字的问题。借用赖兄的部落格回答

---

① PChome：台湾的一种购物网站。

了几次以后，网友就建议我干脆也开辟一个部落格讲说有关中国文字的内容。杨兄也鼓励我设立，并答应为我设计版面，上传文章。本来我打算把部落格的站名叫"文字小讲"，因为我出版过一本有关中国文物的小书，在大陆出版时被改名为《文物小讲》。没有想到当我把写好的文章寄给他，请他上传时，杨兄已然替我注册为"殷墟书卷"，并把台主的名字定为"殷墟剑客"，也介绍我为：

　　一个右手持剑，左手拿着古文物，口衔甲骨文的游子，从加拿大枫树林里的博物馆归来……

　　第一篇文章于十一月十日刊登了。杨兄不但催生我的部落格，也介绍他的网友来捧场，所以很快就热闹起来，每篇都有不少的留言，我也忙着应答。开始的时候大致一个星期发表一篇，有时也接受网友的建议，介绍他们想了解的字。但二〇一二年时，我因为家里有些状况，不能不回加拿大处理，再也没有时间与心情为部落格撰写文章，起先是速度缓慢下来，终于完全停笔了。

　　这些网络文章是针对大众所写，不是学术性的，所以我想尽量写得轻松、简易而有趣。不过，每一篇也都费了我不少的心思与构想，写作的态度也是严谨的，有学术根据的。文章所讲的内容，大部分是取材自我出版过的几本著作，但也有些未发表的新说。我本来随兴而写，并没有出版的企图。停刊后，有网友几次劝我发表它，而我也想，如果有出版社愿意给予出版，何乐而不为！于是寄给台湾商务印书馆的编辑部，不想立刻就得到接受的回复。

在部落格发表时，为了增加美感，每篇文章都附有一张文物的照片。有些器物是与讨论的内容有关的，就给予保留。至于和内容完全无关的，就删掉以减少篇幅。文字也多少做了些修改，使前后的风格趋于一致。盼望此纸本形式的出版可以让没有网络的人也读到。至于内容，当然希望读者不吝指教，或许以后还有可以改进的机会。最后，要感谢我的书法家朋友薛平南教授为此书题字，增光良多。

许进雄

二〇一三年七月二十日于台北旅居

目录

服饰篇

散 / 002

初 / 006

专 / 011

衣 / 017

肃 / 021

兜 / 026

皇 / 032

美 / 038

月 / 044

带 / 049

佩 / 055

屯 / 061

出行篇

走 / 068

止 / 073

建 / 077

兴 / 081

车 / 085

登 / 092

御 / 097

涉 / 103

舟 / 108

造 / 113

居住篇

各 / 120

阜 / 126

高 / 132

楼 / 137

昔 / 142

陈 / 146

郭、墉 / 151

菁 / 155

雍 / 158

服饰篇

一 文字小讲青少版 一

sàn

散

手持工具在竹叶上剁肉使粉碎。

◆ 字形变化 ◆

两周金文

↓

秦小篆

↓

现代楷书

散

注：本书附有如该页的甲骨文以来字形演变的简要示例图栏。字形之旁加
注的英文字母，s 代表小篆字形，z 代表籀（zhòu）文，k 代表古文，h 代
表其他书体。没有注明的则为《说文》没有清楚说明的。为节省篇幅，以
后篇幅中不再对此加以注明。

甲骨文有"檾（sàn）"字（𣏒），《说文解字》的解释是："𣏒，分离也。从林从攴（pū）。林，分檾之意也。"并没有解释得很清楚为何有分离的意思。要了解这个字的创意，首先就要了解麻的作物。

古代具有纺织价值的植物纤维有好几种，分属不同的种类而有不同的性质，但因麻最为重要，一般总称有强韧纤维的植物而可织布的为麻。麻是荨（qián）麻科①的一年生草本

---

① 荨麻科：广泛分布于热带和温带的植物科。如无特别说明，本书脚注均为编者注。

植物。但另一文献常见的葛，却是藤本豆科的植物。大麻更是桑科的植物。

麻的种类多，可纺织成各种精粗程度不同的麻布，是大众缝制衣服的布料，为重要的经济作物。大概因它在不少地区较之谷物的生产还要重要，故有人也将之归于五谷之属。商代已发现有丝与麻布，可能因不是国王问询的项目，所以不见于甲骨文。金文的"麻"字，作一个屋中或遮盖物之下有两株皮已被剖开的麻形状（麻）。两个屮（cǎo）的部分是麻的株茎，三短直线是已剥开的皮。古人种植麻的目的，主要是取其皮的纤维以织布帛（bó）。首先是把表皮剥取下来，然后要用水煮，或长久浸在水中以去除杂质，分析出纤维。水的温度越高，纤维的分析也越快。在屋内烧煮热水比较方便，大概这种植物多在家中处理，与他种食用谷物，如米、麦、黍（shǔ）等多在户外处理脱粒去壳者大异其趣，所以造字时强调麻的株形多见于屋中户内。

麻的表皮柔韧，又容易分析成细丝，用麻皮搓成的绳索可能在很早的时候就被利用以抛掷石块打猎。人类确实晓得用细线缝制衣服大概可推溯到三万年前。中国发现的骨针，大致以四万至二万年之间的辽宁海城遗址①为最早，以象的门齿制

---

① 辽宁海城遗址：具体指辽宁海城仙人洞遗址，属于旧石器时代遗址。

作的一支长七点七四厘米，有零点一六厘米的孔径；一支长六点九厘米，有零点零七厘米的孔径。另一以动物长骨制作的，长六点五八厘米，孔径零点二一厘米。以当时的工具，推测应已知利用植物的纤维才能细小得足以穿过针眼。以麻纺织成布的证据见于六千多年前仰韶文化的陶器底印痕，实物则见于五千多年前的吴兴钱山漾遗址^①。其时应该已经过长期的栽培了。

了解了"麻"字的创意，就容易理解"檆"字的创意了。原来古人剥取麻皮的方法是用棍子猛力敲打麻的株茎使表皮分开来，所以"檆"的意义是分离、分散。不过，我们现在已不用这个字而使用"散"了，《说文解字》对"散"字的解释是："𢿱，杂肉也。从肉，檆声。"但是金文作𢽳、𢿛、𣀒、𣀷等形，早期的字形由三个构件组成：手拿棍子，两片竹叶，一块肉。看来是表达手持棍棒敲打在竹叶上的肉块，大致是剁打杂肉使碎散之意。有可能这是古人经常利用杂肉的烹调方式吧，古人的生活习惯在文字中表现出来了。有可能这两字的音读很近，意义也相关，所以就合并起来，去掉竹子而成现今的"散"字，兼有两字的意义，即动词性的分散以及名词性的杂肉与药散。

---

① 吴兴钱山漾遗址：具体指浙江吴兴钱山漾遗址，该地农业经济发达，手工业水平较高。

chū

初

以刀裁布为缝衣之始。

◆ 字形变化 ◆

商甲骨文

两周金文

秦小篆

现代楷书

初

　　《说文解字》："𥄂，始也。从刀衣。裁衣之始也。"甲骨文的"初"字以刀及衣组合，表达以刀切割材料是缝衣的第一个步骤，故用以表达抽象的初始的意义。创造此字的人着眼于原始的衣物是以刀割兽皮而成，不是后来发展的纺织成的布帛。

　　定居的生活是文明能较快地发展的一个重要因素。定居不但需要房子，也需要合适的衣服。从极度寒冷到极度燠（yù）热的环境，人们都有办法生存下去。十二万年前出现的石核就有可能钻针眼，穿针引线以缝制兽皮衣物。三万年前已确实知道用骨针穿过麻线或皮条以缝制衣物。中国发现骨针的最早遗址是四万至二万年前之间。

人类在非常早期一定也有稠密的毛发，以适应风寒的气候，所以御寒不是穿衣服的最初目的。有些地区可能为了保护身体在工作时不受到自然界妖邪的危害，或不受到荆棘、昆虫、雨露的伤害。某些地方则可能起于以动物皮毛伪装捕猎。甚至是施用感应魔术，希望得到所服用动物形象而具有特殊的能力。但真正的普遍穿用衣服大概要起于防御风寒之后。在酷热的地区，衣服甚至是种累赘（zhuì）。但几乎所有的早期社会，不管穿得如何少与象征性，都会要求成员穿用某些装饰品或衣物。这大概是基于后来才发展的爱美、遮羞或分别阶级等文明观念了。有时为了达到这些目的，就装饰得过分夸张，以致非常不方便行动，甚至危害身体的健康。

在远古，毛皮是比纺织易获得的材料。兽皮因其形状不方正，大小也因兽类而异，一定要割成许多块再加以缝合，故动刀裁割是缝衣必要的步骤。游牧民族的生活为了要骑马奔驰，照顾牲畜，就得选择经得起摩擦的材料，因而选用他们易得的坚韧毛皮材料。他们也要求裁剪合身以利行动，故因势随着身材的曲线裁成紧束、窄短风格的衣物。至于农耕的社会，桑麻是较易取得的材料，而且工作的性质也不磨损衣服。为了省工，就尽量保持原来机织出来的布幅，不多做曲线的裁剪以求合身，故形成宽松、修长的风格，有一定的布幅，可适合各类高矮、胖瘦的身材。

衣服要经过刀剪的裁割手段，从汉代的衣服（图一）可以看出，人们还是尽量保持原来布幅的形状，不多做要求合身的曲线裁剪。在剪刀发明前，以刀切割衣料成有曲线的布幅是不太方便的，所以尽量不多做曲线的裁剪。丧服做成方领而不是圆领，就是以最粗陋的粗麻材料、最简单的刀裁方式，表示哀戚而无心为美的心情。

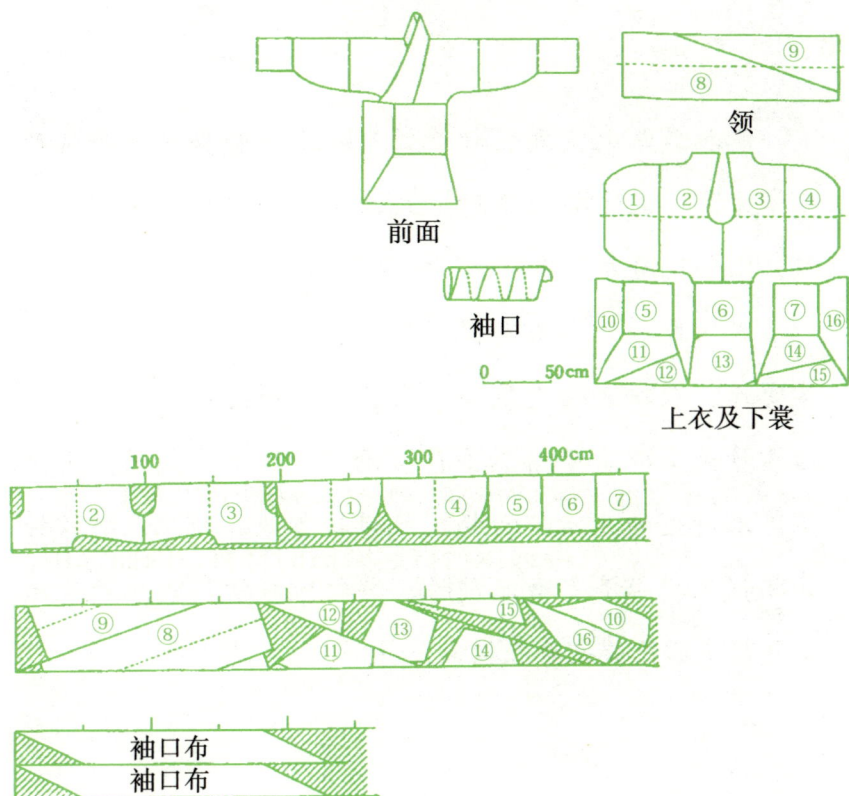

前面

领

袖口

上衣及下裳

0   50cm

图一 西汉时代直裾衣袍的缝合及裁剪图

知识链接

游牧民族

　　游牧是居无定所，赶着牲畜逐水草转移的一种生产生活方式，而主要以这种方式为生的民族被称为游牧民族，比如我国古代的匈奴、突厥、回鹘。

　　游牧民族的形成有很多因素，比如：人口压力、气候变迁、农耕文明发展等。在原始文明阶段，人类的生活质量大多取决于自然条件：雨水、阳光、气候……为了追求舒适的生活，游牧民族辗转各地。因此，游牧经济相较农耕经济更有流动性，游牧民族使用的生产生活工具与农耕民族也存在较大差异。

zhuān

专

手操作纺砖，纺织为专门之职，工作时要专心，否则会织错花纹。

◆ 字形变化 ◆

商甲骨文

两周金文

秦小篆

现代楷书

专

从事纺织之前要先对植物的纤维有所认识。人类确实晓得用细线缝制衣物大概可推溯到三万年前。中国发现的骨针，大致以距今四万至二万年之间的辽宁海城遗址为最早，两支以象的门齿制作，一长七点七四厘米，孔径零点一六厘米；一长六点九厘米，孔径零点零七厘米。另一支以兽骨制作，长六点五八厘米，孔径零点二一厘米。以当时的工具，推测应利用植物的纤维以搓线。一万年前常见于华南的绳纹陶器，表面的纹饰就是用绳子捺（nà）印的，已能把几根线纠合成股以捆缚东西，更接近纺织必要的技术了。纺织的布，六千多年前仰韶文化的陶器底部见到麻布的痕迹，实物则见于约五千年前的浙江吴兴钱山漾遗址。

具有织布之经济价值的植物纤维有好几种，分属不同的种类，但因麻布最为重要，一般统称有强韧纤维而可以织布的为麻。麻的株茎被割下后干燥几个星期，剖开表皮而久浸于水中以去除杂质，然后捶打以分析纤维。浸泡的水越热，浸泡的时间就越短，一般就用水煮以加速分析纤维所需的时间。分析麻纤维的工序反映于甲骨文的"散"字，作一手拿着棍棒在扑打两束麻，而其表皮已自秆茎分离之状（𣏟）。

纺织是很专门的职业。麻的栽种、培养还较简单，若是蚕丝，则工艺非常复杂。从养蚕到织成丝绢，每一步骤都需要专门的技术。桑树的栽培，采摘的次数，蚕虫的品种，喂饲的次数、分量和时间，养育的温度，都与成品的品质有密切的关系。蚕吐丝成茧后的拣茧、杀茧、抽丝、缫丝、织丝，每一过程都需要专门的训练。所以于文字，甲骨文的"专"字作一手持拿着已经绕上丝线的纺砖之状（𤬚）。五千到四千五百年前的仰韶文化晚期发现了切割过的蚕茧。稍后的吴兴钱山漾遗址确实发现了每平方厘米，经纬各四十七根线的家蚕丝织品。

纺砖的作用是把丝线缠成锭（dìng），以待上机纺织。早期的捻线方式是用手在平面上搓揉，这样进度太慢。后来改良使用纺轮，方法是用杆扦穿过纺轮中心的孔。杆子的一端大致呈锥状，且钻了个可绑上丝线的小孔。操作时，使纺轮下垂而转动杆扦，纺轮的重量把丝线拉直，并借转动的力量，将线缠绕在杆扦之上而成锭，就可以安装在织机上以待纺织了。纺织之事不但要专门的技术，也要专心工作，否则面对成千上万的线会手忙脚乱，织错了花纹。所以"专"字兼有专门及专心两层含义。纺线时要捻转纺砖才能快速缠绕成锭，也许"转"字也是"专"字的引申意义。这种工作不需体力，女子也比较细心，所以自古以来，纺织就是女子的工作，陶纺轮都见于妇女的坟墓中。图一的纺轮涂绘彩色，转动时产生流动的色彩，增加一点工作的乐趣。

　　丝织手工业在商代应已有相当大的规模。青铜器上还有不少因铜酸而保存下来的丝绢痕迹。想象当时必有相当多数量的生产，才会以之包覆铜器并随葬于墓中。从痕迹知当时的纺织已达到多层绫织的阶段，也有斜纹提花的丝织物。甲骨文与纺织业有关的字比其他行业的字多，即其具体的表现。

　　到了西周时代，丝绸已是重要的商品。《诗经·氓》有"氓之蚩蚩（chī），抱布贸丝。匪来贸丝，来即我谋"①。战国时代的《管子》有"民之通于蚕桑，使蚕不疾病者，皆置之

---

① 氓之蚩蚩，抱布贸丝。匪来贸丝，来即我谋：乡下的憨厚小伙子，抱着布匹来换成丝。其实并不是真来换丝，而是想来谈婚事。

黄金一斤，直食八石（dàn）。谨听其言而藏之官，使师旅之事无所与"①。说明丝织品在古代是价昂的重要商品，对国家的经济具有决定性的作用。所以桑田要比良田贵上一倍。《史记·吴太伯世家》记载公元前五一九年，两个家庭争夺边界桑树的所有权而导致吴、楚两国打了一仗。

图一　彩绘陶纺轮
直径三点三至四点四厘米
湖北屈家岭文化遗址
公元前三〇〇〇年至公元前二六〇〇年

① 民之通于蚕桑，使蚕不疾病者，皆置之黄金一斤，直食八石。谨听其言而藏之官，使师旅之事无所与：有百姓精通养蚕，还能让蚕不生病，设一斤黄金作为奖赏，另设八石粮食。认真听取这些专家的建议，并把其记录下来保存在官府，不要让兵役之事干扰到他们。

知识链接

丝绸之路

古代横贯亚洲的交通道路。起自中国长安、洛阳，贯穿亚洲中部、西部及非洲、欧洲等地，是当时世界上东西方之间重要的贸易和文化交流通道。我国的丝绸等物经这条交通干线，运往西亚、欧洲各国。

此后，丝绸之路的所指范围不断扩大，形成了绿洲、草原和海上丝绸之路三大干线。其中，海上丝绸之路的开辟时间晚于陆上丝绸之路，始于中国沿海地区，经过如今的斯里兰卡、印度等地，抵达红海、地中海等地。丝绸之路逐渐连接起更多沿线国家，带动沿线国家经济文化的发展和融合。

yī

衣

有交领之上衣形。

◆ 字形变化 ◆

商甲骨文	
两周金文	
秦小篆	
现代楷书	衣

　　《说文解字》："⟨衣⟩，依也。上曰衣，下曰常。象覆二人之形。"甲骨文的"衣"字，作有交领形式衣服的上半部的形状。交领衣服的缝制比较可能源于布帛，而不是毛皮。有衣领的服装是丝麻纺织业兴起后的常式，是农业发达后最普及的材料，故"衣"字亦代表所有的衣着。

　　从汉代衣服的实例，可以明白交领的做法。是以一窄长的布幅，由胸前经过肩膀，绕过头部而回转至腋下所成。交领的形式大半是为了防止布幅的边缘松散，以一布条缝边缘使牢固。此边缘也发展成刺绣不同的花纹以表示不同的身份。交领的服式不受身材肥瘦的限制，都可使衣服贴身。如果两边衣幅长度固定，不相交，就难调整肥瘦的幅度。兽皮不怕边缘会松散，故不必缝边。而且皮裘厚重，价格高昂，为省费用，就不便大幅折叠如布帛，以至不必有交领的形式。后来领子既成为常式，皮裘也就制成有衣领，但不是交领的形式。

根据中国的传说，衣服的创制者是黄帝。汉代的图画，黄帝以前的人物常是没有穿着纺织的衣物。这绝不能看作黄帝时代以后才有以布料裁制衣服，而应当看作衣服从此成为社会的规制，是天天都要穿用的。同时也表示衣饰有了阶级的表征作用。

衣服加之于身，形之于外，是最能表现个人性格或身份的东西。在以采集渔猎为生的时代，没有什么私人的财富，除了年龄与性别的区分外，人人的社会地位和权利相等，没有太大的不同。衣服就很少有避寒、护身、遮羞以外的大用。但是到了农业发达的时代，社会里有少数人积聚的财富比他人多，身份的差异自然就建立起来。这时衣服就有了新的用场，用罕见的或远地交换而来的材料，诸如动物的皮毛、骨角、爪牙、羽毛，或金银、珠宝、贝壳等，以标示和识别渐渐明显的社会地位差别。当社会的结构扩大，衣服也跟着起了政治的作用。只有具某种特别身份的人才许服用某种颜色或形式的衣服，包括与衣服配合的各种饰物。黄帝以前的圣人们只有创造器物以提高生活的水准。到了黄帝建立帝国的时候，约是四千七百年前，才开始社会制度的创立。衣制是治国规范的重点，用以标示和识别渐渐明显的社会地位差别。当社会的结构更扩大而有一定的安排时，衣服就跟着起着政治的作用。所谓黄帝的始创衣制，就是这一类的表现。中国后来儒家的丧制，用粗陋的麻衣表现对死者的哀思，无心为美，也属于这一类的社会功能。

zhǐ

黹

对称的刺绣图案形。

◆ 字形变化 ◆

商甲骨文

两周金文

秦小篆

现代楷书 黹

　　衣服的穿用，最先可能起于工作的需要，后来才演进为遮身或御寒的普遍需要。辽宁海城一个四万至二万年前的遗址发现三根骨针，表明中国人可能那么早就懂得缝制衣物了。当少数个人积聚的财富比他人多时，自然就建立起身份差异的社会而有了各种各样突显身份的设施。这时衣服就有了新的用场，用罕见的或远地交换而来不容易得到的材料，诸如动物的皮毛、骨角、爪牙、羽毛，或金银、珠宝、贝壳等，制作或装饰衣物，以之标示或识别渐渐明显的社会地位差别。甚至规定，只有具某种特别身份的人才许服用某种颜色或形式的衣服，包括与衣服配合的各种饰物。传说约四千七百年前的黄帝始创衣制，大致就是指这种分别阶级的作用。

在织机尚无法编织艳丽多彩的繁缛（rù）图案之时，使衣服变美丽的方法不外染色、涂绘与刺绣。首先采用的方式应该是涂绘。地表存在着有色的矿石，研磨成粉而加水后，就可以短时间黏附在衣物上。但这种容易脱掉的涂绘方法不能满足人们的需要，所以改进为植物色素的染色方法。公元前十七八世纪的齐家文化可能就有染布的技术。商代则至少已有红、黄、黑、白等色的布幔（màn）痕迹。染色虽可使衣物有不脱色的鲜艳彩色，但不容易染成所希望的图样。再次改进为用丝线刺绣的方法，彩色的图案就可以永久保存了。

刺绣是利用不同颜色的丝线，在布上绣出美丽的图样。金文的"肃"字，可能是"绣"字的源头，作一手拿着一支有毛的笔画出复杂的图样（ ）。描图样是刺绣的第一步工作，图样没有打好，刺绣就难完美。可能刺绣时要专心谨慎从事，所以引申有肃敬、严肃等意义。《尚书·皋（gāo）陶谟》篇说帝舜时代，"日、月、星辰、山、龙、华虫，作会；宗彝（yí）、藻、火、粉米、黼（fǔ）、黻（fú），绪（chī）绣，以五采彰施于五色作服"。帝舜时代是不是这样，现在很难考证，至少商周时代就应该已是如此了。

但是刺绣太过费工，除了很少数的贵族，一般的贵族只能做局部的装饰而已。纺织的布要经过刀剪裁割的手续，才能缝制一定形式的衣物。衣服的边缘如果不缝固，经纬线就会渐渐绽开分散而使衣服不成形状，所以需要把布边缝住。布边的篇幅不大，所以顺势在狭窄长条上刺绣图案，既可以防止布帛丝线的绽散，又可以增加美观。西周的铜器铭文，上级赏赐下级贵族的东西，经常提及的有黹屯。屯的意义是包扎，黹屯就是包扎有刺绣的衣缘。

　　"黹"字甲骨文作两个几何形图案相背或钩连的形状（<img ... />）。衣缘的图案本来是绣的，后来又改进为纺织的。早期的织机不易编织复杂的图案，故大都织成几何形的对称图案。黹屯是上级赏赐下僚以志荣庆及权威的东西，不是可以随意服用的。《礼记·郊特牲》就说，中衣有丹朱绣黼是中大夫的僭（jiàn）制。

图一 黄绮地乘云绣残片

汉，约公元前二世纪

sì

兕

整只犀牛形。

◆ 字形变化 ◆

商甲骨文

↓

秦小篆

↓

现代楷书

兕

　　甲骨文有一字，作头上有独角的动物形（🦏🦏🦏🦏），是常见的捕猎物，擒捕的地点有好多处。捕捉的方法有设阱、箭射、追逐、纵火等。甲骨文曾有捕获四十只的记载，十只以上的也有数次。与只捉到一二只老虎的记录相比，显然在商代这是种较易被捕捉到，且大量存在的野生动物。

　　《说文解字》解释"兕"字："🐃，如野牛，青色，其皮坚厚可制铠。象形。兕头与禽离头同。凡兕之属皆从兕。🐂，古文从儿。"不管是小篆还是古文的字形，应该都是自甲骨文发展而来，是犀牛的象形字，后来代以形声字的"犀"。甲骨文提到兕的肤色有白及戠（zhí）。白与非洲的白犀牛色调一致,《说文解字》中的青色可能是不同观察者的描写差异。

犀牛的形体比牛大,头大,颈短,躯干粗壮,皮肤韧厚无毛而有皱襞(bì)。因品种而异,体色有微黑带紫、黄褐、青白等几种。常见的犀牛有两种:一是印度产的,体格较大而性情温顺,鼻端上长有一只大独角;一是非洲产的,体格略小而性情凶暴,除鼻端有大独角外,额前尚有一只较小的独角。犀牛独生的角与其他动物都成对的角大异其趣,故人们也于文字强调其独角的特征。

兕是生活于湿热环境的动物,现今的分布,主要在非洲中南部、中南半岛、南洋群岛、印度次大陆等地区,都是属于较温热的地带。中国在距今七千到三千年的一段时期,气温要较今日温暖,犀牛有可能在中国很多地区生息繁殖。浙江余姚河姆渡[1]、河南淅川下王岗等六千多年前的遗址,都发现犀牛遗骨。战国时代的盔甲仍常以犀皮缝制,甚至《国语·越语》有吴国衣犀甲之士十万三千人的浮夸记载。汉代以后大概因已难见其形象,只能依据书本的描述造型,形象就大有出入,连带也产生很多神异的传说。

商人捕捉犀牛的最重要原因,应该是其坚韧的皮可以缝

---

[1] 余姚河姆渡遗址:是中国新石器时代遗址。位于浙江余姚河姆渡镇,农业是当时主要的经济部门,还饲养猪、狗、水牛等家畜。

制铠甲。在钢铁武器充分使用前，兕铠对于青铜武器的攻击有很好的防御效能。故成书于战国晚期的《考工记》，还详细地记载其缝制及品质检验法，于《函人》篇说犀甲寿百年，兕甲寿二百年，犀兕合缝之甲寿三百年。虽不免夸张，也有基于经久耐用的事实。

除皮外，犀牛还有一样最宝贵的东西，即犀角 [①]。犀角是一束毛发硬化而成，所以没有长成如其他动物一样对称。犀角含有碳酸钙、磷酸钙、酪氨酸等成分，具有清热、解毒、止血、定惊的功效。其疗效起码已为汉代人所了解。《神农本草经》将其列入中品，是种可以久服兼治病的药材。到了四世纪，炼丹家以之与水银、丹砂、硫黄、麝（shè）香等物合药以制作小还丹，以为有助于成仙不老的效果。犀牛在汉代已比象更为罕见，以至犀角的效用被人神化，甚至以为有避尘、避寒、避水、解毒等种种不可思议的妙用。《汉书·郊祀志》记载王莽时以之和鹤髓、玳（dài）瑁（mào）等二十余物，煮之以渍泡种子，希望吃其长成的谷粒以成仙。

---

① 犀角：哺乳动物犀牛吻端由角蛋白形成的实心角。我国现已禁止任何犀牛角贸易。

图一 莲花形犀角杯

高十点五厘米，口径十九点五厘米

明代，公元一三六八年至一六四三年

图二 商后期青铜犀尊

高二十四点五厘米，公元前十四世纪至公元前十一世纪

知识链接

犀牛

犀牛是一种体格壮硕的哺乳动物，体长 2.2—4.5 米，肩高 1.2—2 米，体重 800—3000 千克，他们大多毛被稀少，皮厚粗糙，腿部短小却粗壮，尾巴又短又细，身体多为黄褐、灰、黑色。

如今，犀牛的所有物种都被列入《世界自然保护联盟濒危物种红色名录》。为了更好地保护濒危动物，维护生物多样性，1993 年，我国出台禁令，禁止犀牛角和虎骨的贸易活动，取消犀牛角和虎骨药用标准，明确规定不得再用犀牛角和虎骨制药。

huáng

皇

象装饰孔雀羽毛的舞蹈用美丽帽子形。形容词。

◆ **字形变化** ◆

商甲骨文	
↓	
两周金文	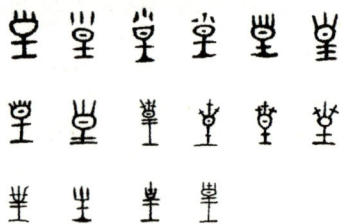
↓	
秦小篆	皇ₛ
↓	
现代楷书	皇

　　在商代，人间最具权威者为王，神仙世界则为帝。后来死后的王也被尊称为帝。周朝沿用王的称号以称在世或去世的王。东周时王室衰微①，有些诸侯的实力远较王室为强，大概认为应该拥有比周王更具威风的名号。秦与齐曾一度采用帝号，也许因此人们兴起以帝来命名传说中黄帝以来的帝王。后来，好古的人士更以具有伟大、辉煌等形容意义的"皇"字，称呼传说比黄帝更早的三皇。到了秦始皇帝统一中国，他认为自己的威权和统辖的领域超过所有古来的政治人物，

---

① 衰微：（国家、民族等）衰弱；不兴旺。

乃采用"皇帝"合一的名号。此后的当政者，不管其能力及疆域的大小，都无愧地承继这个最伟大的名号。"王"就成次一级政治人物的称号了。

商代的"皇"字作 🖐️、🖐️、🖐️ 等形。创意是什么呢？说法很多：或以为取象灯座之上的火光辉煌状，或以为象王戴着冠冕之形，或以为象冠冕之形。晚商一块骨板上所刻的图案（图一）可以帮助我们了解"皇"字的创意。骨上的图案表现出一位戴高帽的神祇（qí）或贵族。其帽上装饰着弯曲的角状东西，正中则插了一支高翘的羽毛。羽毛上端有孔雀眼花纹及三簇分歧的羽梢。它正是"皇"字所表现的形象。"皇"字下半的三角部分就是头戴的帽子的本体，一横可能是弯曲的角状装饰，有三分歧的圆圈就是孔雀羽毛尾部的特写。"皇"字着重羽毛装饰，故古籍中"皇"字被用为五彩染羽装饰的帽子或舞具。"皇"本义为有羽毛装饰的美丽东西，故在铜器铭文中被引申为伟大、壮美、崇高、尊严、闲暇、辉煌等形容词。

图二这件四千多年前的大口陶缸，由于底部尖圆，无法自立，故下部应该是埋在土中使不会被轻易移动，恰如甲骨文"奠"字所表现的，埋置一个尖底器下部于地中之状（奠）。这类陶缸都很高大，大致盛装大量的水，安置在公众的场所，譬如工作或狩猎地作为水的供应站。陶缸上往往在靠近口沿

的外壁刻画一个符号，大致表示所属的氏族，以免他人占用。这件所刻的也是有高长羽毛装饰物的帽子。

年代稍早的良渚（zhǔ）文化遗址，也发现神祇或贵族戴羽冠的纹饰。中国传说创立冠冕制度的是黄帝。传说黄帝的时代是约四千七百年前。时代相近，看来传说有相当大的可信度。

冠冕可能在衣制中最不具实际效用，却是很多民族的权威象征。人们往往因过度夸张其象征作用而有损其实用性。帽子的效用，我们可以想象，第一是增加美感。因此甲骨文的"美"字就作一人的头上装饰高耸弯曲的羽毛或类似的头饰状（𦥑），来表示美丽、美好等意义。自旧石器时代晚期以来，人们就晓得借用他种东西来装扮自己，时代越晚，花样也越多。到了贫富有差距、阶级有区别的时代，人们就以罕见、难得的饰物以表现其高人一等的身份。因此帽子也很自然会演变为地位的表征之一。譬如北美的印第安人，其酋长的羽毛头饰就远远胜过其他的成员。中国云南发现一处少数民族的崖画（图三）。其人的头饰与"美"字的形状一模一样，身子越大，其头上的羽毛装饰也越丰盛。绝大多数身子小的人，就没有任何头饰。头饰在古代或氏族的部落，是种很重要的社会地位表征。

图一

图二　刻符大口尖底灰陶缸
高六十厘米，大汶口文化
约公元前二九〇〇年至公元前二三〇〇年

图三 云南沧源少数民族的崖画

měi

美

大人头上的美丽头饰。

◆ 字形变化 ◆

商甲骨文

两周金文

秦小篆

现代楷书

美

　　美是个抽象的概念，见仁见智，没有一定的标准。同一件事，一种形貌，在某个社会被认为是好事，是美；在另一个社会，可能被认为是蠢事，是丑。爱美是头脑思考的表现，表示有空闲可以谋求寻找食物之外的精神活动，是进入一个新时代的进步表现。甲骨文的"美"字，作一人（↑）的头上装饰着高耸弯曲的羽毛或类似的头饰状（ᛉ ᛉ）。显然那是被认作美丽的形象，所以才拿来创造美丽、美好等意义。

　　自旧石器时代晚期以来，人们就晓得借用东西来装扮自己，时代越晚，花样也越多。在穿用衣服之前，人们就晓得装饰自己的身体。最简易的方法大概是把东西穿连起来，绕着颈项悬挂在胸前。中国山顶洞约一万八千年前遗址，发现一百三十多件穿孔饰物，显然就是挂在胸前使用的。在习惯穿衣服之后，可能不便再在颈项悬挂颈饰，中国就渐渐发展在腰带上悬挂成组玉佩，用以表现贵族的不从事生产的高人一等的身份。

不断生长的人类的繁密头发，对没有良好裁剪工具的远古人来说是种累赘。让头发无限制地生长，就会妨害工作的进行，就要想办法改善。因此当人们要追逐奔跑，捕捉野兽时，就会有紧束或剪短头发使不妨碍工作的需要。一旦社会有了阶级的差异，自然对于最容易被看到的头发加以利用。

要把头发盘到头上才能装饰东西。盘发就要利用箍或笄（jī）贯穿，才能紧密地固定发型并插上装饰物。或以为中国自燧（suì）人氏 ① 起就有髻发。因木、竹制作的笄难于保存地下，所以这个传说难证实。若求之不腐败的材料，约八千年前裴李岗文化遗址 ② 就发现了很多骨笄。那时阶级尚未形成，因此骨笄的使用除方便工作或爱美的追求外，不太会有社会地位的象征作用。

五六千年前的红山文化遗址，常在人的头部发现马蹄形

---

① 燧人氏：传说中钻木取火的发明者。
② 裴李岗文化遗址：位于河南新郑裴李岗。出土器物具有独特的文化面貌，故被命名为"裴李岗文化"。

的玉管箍（图二），下端平齐，两侧有小孔，可能是穿绳子套在头顶上，把头发竖立起来穿过管箍的束发器。这时代已有阶级之分，把头发竖立起来不但美丽，也很显目，就有显示个人崇高地位的可能。不少初民的社会，作为领导阶级的人有插骨骼、羽毛等物以炫耀受其统治的身份。从中国云南沧源少数民族的崖画（图三）中，发现成员的头饰与甲骨文"美"字的形状一模一样。身子越大，其头上的羽毛装饰也越丰盛。绝大多数身子小的人，就没有任何头饰。显然头饰在古代是种很重要的社会地位表征。北美的印第安人，其酋长[①]的羽毛头饰也比其他的成员丰盛。

　　竞争是自然界成员为求生存所不能不采取的手段。小规模的冲突不必有人指挥战斗。但是有成千上万的人参与的战争，就需要有人做全盘性的统筹指挥，才能获得最佳的效果。指挥者如希望他的指示能及时被部下知晓，就有必要让部下容易见到他所下号令和指示的措施。而同族人的身材大都相差不多，如果没有特别显眼的标志，就很难在人群中被辨识。指挥者只有站在较高的地点，穿着特殊的服饰，其举动才易被人注意到。所以在古代，头饰是获得领袖地位的重要象征。

---

① 首长：原始型社会群体（如宗族、部落或部落联盟）共同推举的首领。文中指的是部落的首领，地位较高。

不但在族群中，外族人也很容易识别此人与其他成员不同的
特殊地位。

图一 青铜舞戈

高二十一点九厘米，宽六点五厘米

战国，公元前四〇三年至公元前二二一年

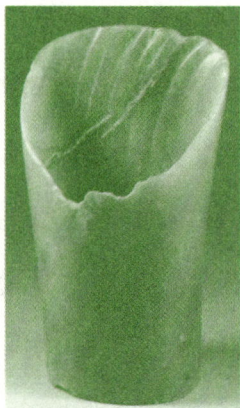

图二 马蹄形淡绿玉器

高十八点六厘米，红山类型，约五千五百年前

图三 中国云南沧源少数民族崖画

mào

冃

小孩帽形，加目成冒，指示是头上之物。

◆ 字形变化 ◆

商甲骨文

秦小篆

现代楷书

　　人类自从习惯了穿戴衣物之后，衣物就成为社会每一分子都必要的装备，从头上到脚下都有相应的配备。

　　头上长发是人类所共有。各民族的头发虽有稠稀、长短、曲直等不同的性质，但因都是生长在人身最高的地方，部位显著，除了头发本然的隔绝冷、热的功用之外，就兴起了其他各种各样的社会功能。譬如佛教认为它是烦恼之源，表现世俗的欲求，要剃去以示隔绝世俗。但有的宗教则反而要留长它，以方便被神灵抓着上天堂去。其他或如以发型表示年龄、婚姻状况、社会地位，都在很多社区发生过。中国古代有以梳发成型表达年龄与婚姻状况的习俗，因此覆盖头部的帽子自然也有了不一样的形制。

中国古人在成年之前，一般让头发自然下垂，或稍加束缚，但到了适婚的年龄，不管男女都要把头发束括起来盘在顶上或放到脑后，最主要的原因当是顺应工作的需要。固定头顶上的发髻，最简单的是用一支笄。甲骨文的"夫"字，作一个大人的头上插有一支发笄的形状（夫）。笄的主要作用是把头发束紧起来不使松散，附带也起装饰及分别等级的作用，故雕刻繁缛的骨笄只见于较大的墓葬。结发是成人的装扮，男人平常只用一支笄，故"夫"字的意义是成年的男人。女子则到了成年，可当妻子之后才梳发，插发笄，故甲骨文的"妻"字，作跪坐的妇女在装扮头发之状（妻）。大人需要工作，长头发自有妨害之处，故要有应变之道。

大部分男女的头发都可以长过腰际。如果让松散下垂的头发无限制地生长，就会妨害工作，因此就要想办法把它弄得不妨害工作。当人们到了不只从树上采摘果子，或在地下挖掘块根，而是要追逐、捕捉野兽时，就会有束括头发，使不妨碍视线与工作的需要。剧烈的工作都由男子从事，因此束发也很可能始自男性，而不是女性。头发束括之后才可以加插装饰物，就可能有修饰与增美的动作。

整理头发是基于工作的需要，还可以从一些后世的风俗中得到印证。日本在战国时代（公元一四八二年至一五五八年）以前，不管身份高低，女性都顺其自然，梳成长长的垂发，最多用油脂的东西把它梳得乌亮而已。身份低的人，为了应付繁忙的生活，觉得散长的垂发多少对工作造成不便，于是乃有于劳动之际才束发于脑后的风俗。这种形式渐为一般人所接受，才普遍结发，而且又受歌舞伎[①]装扮的影响，演变成普遍梳成各种各样复杂的髻。

当社会进入有阶级分化的时代，就开始要分不从事劳动的贵族以及从事劳动的大众。不事劳动的贵族要穿不便工作的长衣，并佩玉。人们没有必要为了美丽的形象而剪短头发，如果嫌头发太长，最多总括之而使下垂于脑后。但劳动者为了求得工作上的方便，不能让它自然下垂，就得想办法加以剪短，或拘束于头顶或脑后。如果有必要把高耸的头发覆盖住，为了不打乱发型，覆盖物就要做成高耸的穹顶形式。所以大人的各式帽子，覆盖头的部分就制成不破坏发型的高耸形式，如"王"（大）、"皇"（皇）为常戴高耸帽子的人物，"令"作头戴帽子是发号施令的人（令）。覆盖物都作三角形就是为了不弄乱发型。

小孩一般不必从事繁重的工作，头发不会妨害工作的进

---

① 歌舞伎：接受能乐影响，并融合日本民俗艺能各种成分形成的集歌曲、舞蹈、哑剧等为一体的一种表演形式。

行。甲骨文的"冃"(帽)字(𦣻𦣻),是俗称老虎帽的形象,《说文解字》的解释是"小儿及蛮夷头衣也"。上部是分歧的装饰,两旁是护耳,中间是覆盖头部的部分。小孩子不结髻,故是平顶的。《说文解字》有个意义为软皮的"㝮"(閦)字,上部就是这个"冃",下半是手拿着一条软皮,创意是柔皮是制作帽子的材料。因为如用硬皮制作,就会伤及头部。

dài

带

象束带以及衣袍呈现的皱纹状。

◆ 字形变化 ◆

两周金文　　　　帯

↓

秦小篆　　　　帯ₛ

↓

现代楷书　　　帯

　　中国古代农耕定居的衣服属于宽袖长衣一类的形式。布幅宽松，可适合胖瘦不等的身材，不用纽扣而以带子束紧。《说文解字》："帯，绅也。男子鞶（pán）带，妇人带丝。象系佩之形。佩必有巾，从重巾。"金文的"带"字作衣服的腰部被带子束紧之后而在下摆所形成的褶纹状。带子不但可以束紧衣服，也可用来携带工具及装饰物件。黄帝的取名可能就是因为他始创衣制，以玉璜（huáng）[①]取代石制武器，佩带于腰际而来。商代的腰带有甚为宽大并加绣花的（图一），已

----

① 玉璜：古代一种饰物。璜：古代玉石器名。

是装饰重于实用了。带子的功能多，工作时携带工具，打仗时携带武器，行礼时佩带玉器，平日家居则佩带日常生活的小用具及拭擦脏污的佩巾等。依《礼记·内则》，男子佩带手帕、毛笔、书刀、磨刀石、解结的角尖、打火石等，而妇女除手帕、小刀、磨刀石、解结的角尖、打火石等外，还携带针、线等妇女职务特有的工具。

到了东周时代，士君子又多系了一条可携带剑、弩、钱囊、镜、印章等物的皮带。这条皮带的一端为圆环，另一端为带钩。带钩由钩首、钩体和钩纽三部分组成。钩首的作用是钩住圆环以束紧衣服或让带子卡在腰上。钩纽是个突出的圆纽，隐藏在革带里。钩体是展示装饰的主要所在，有各式各样的变化。

带钩出现于春秋中期，战国时最盛行，汉以后就衰落了。汉代有犀比、犀毗（pí）、胥（xū）纰（pí）、私纰头等看起来像是音译的名称，因此不少人以为它是骑马民族引进的服饰。但是考古工作发现其传播是从三晋与关中的中原地区，逐渐向四周扩大的。游牧地区反而很少发现这一类东西。

固体的材料都可制作带钩。有钱的人家往往以最昂贵的金、银、玉、玻璃等材料制作或装饰。穷人家就以铁、石、骨、木、陶等为之，但存世的大多是青铜铸造的。其尺寸颇为悬殊，小的不到二厘米，长的有达四十六厘米。不过一般是十厘米上下。钩体一定做成有弧度的，以适合人们腹部的弯度。

　　带钩的优点是只要稍微吸气，就可快捷地戴上和取下。缺点是其长短要依个别的腰围而设，身材变了就不便使用。它的兴起与衰微也和其优缺点有密切关系。它原是为携带某种不常用的重物于腰带而设，有需要时才戴上，并不专为束衣而设。里面纺织的带子才真正负起束紧衣服的功能。外面的革带则用以悬挂刀剑等重物。

　　西周以来，铜剑的使用越来越多，春秋时已成为贵族的装身用具，悬挂在革带上。家居时卸下，外出时才加到丝织的腰带上。早期的带钩都短小而粗陋。到春秋晚期普遍使用带钩后，才有以显示为目的而制作精美大型的带钩。后来大概源自骑马民族的带扣，束衣的功能更为稳定，西晋时规定上殿以木剑取代铁剑，可能也是带钩不振的原因之一，以后就逐渐被带扣取代了。目前似乎只有穿袈（jiā）裟（shā）[①]者使用，也是着眼于容易戴上与容易卸下的方便。

---

① 袈裟：佛教僧人披在外面的法衣。

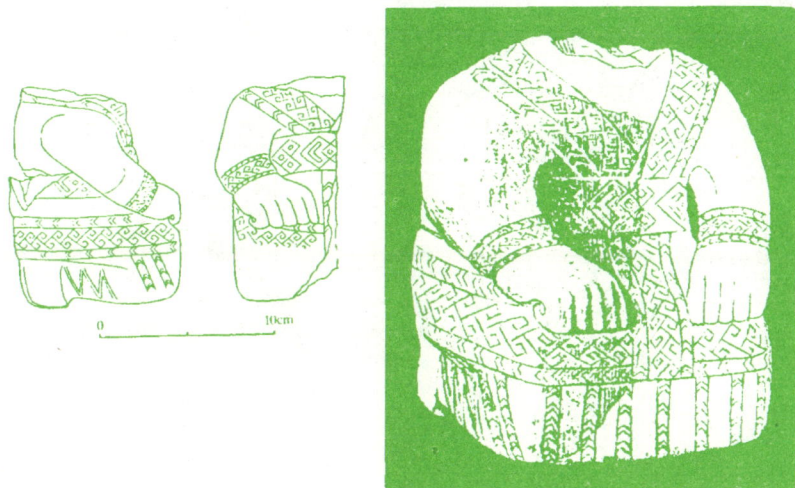

图一 商代跪坐石雕及复原图

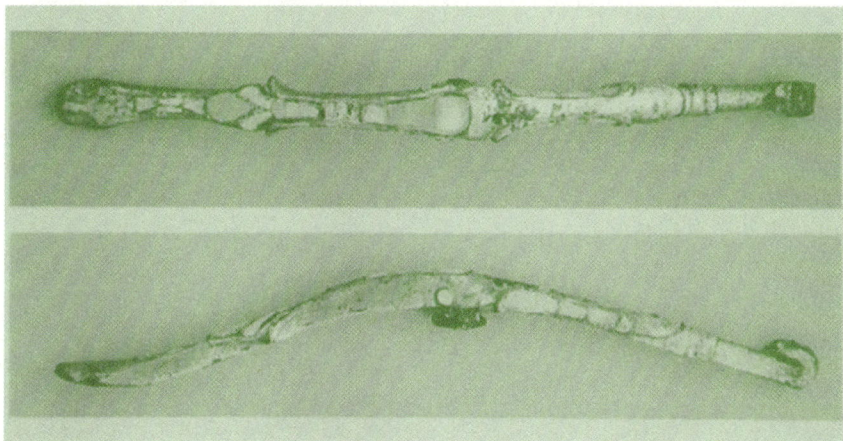

图二 鎏金嵌镶绿松石铜带钩

长二十点五厘米

战国，公元前四〇三年至公元前二二一年

图三 战国及汉代于大带之上加佩剑的鞶带形象

pèi

佩

悬吊在腰带的玉佩及人形。

◆ 字形变化 ◆

两周金文

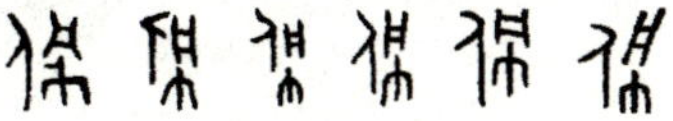

↓

秦小篆

↓

现代楷书

佩

　　衣服裁剪的形式颇受生活习惯和采用材料的限制与影响。游牧的民族，为了要骑马奔驰，照顾牲畜，就得选择经得起摩擦的材料，因而选用他们易得的坚韧毛皮材料。他们也要求裁剪合身以利行动。兽皮因其形状不方正，大小也因兽类而异，要割成多块再加以缝合。毛皮也厚重，不便大幅度地叠折，故随身材的曲线而裁剪为紧束、窄短风格的衣物。至于农耕的社会，桑麻是较易取得的材料，而且工作的性质也不磨损衣服。为了省工，就尽量保持由织机织出来的原来布幅，不多做曲线的裁剪以求合身，故形成宽松、修长的风格，有一定的布幅，可适合各类高矮胖瘦的身材。

　　中国很早就进入农耕的时代，桑麻是比较容易得到的制作衣服的材料。纺织的布帛轻薄，但是边缘会绽散，必须要把布帛的边缘缝起来。通常用一条窄长的布幅，把已修剪完成的衣幅，由胸前经过肩膀，绕过头部而回转至腋下包裹缝合起来，于是就自然形成交领的形式。这条窄长的边纯也发展成刺绣不同的花纹以表示不同的身份。交领的衣服，两边衣幅相交叠，可以适应肥或瘦的不同身材。

　　衣服裹住身体，形之于外，远远一眼即可辨识其样式，较之体形、脸孔或肤色，都容易辨识。所以采用异族的服式也就成为屈服及认同异族的表示。春秋时代普遍以之作为政治的手段，夷狄（dí）①能改行华夏的服制和习惯的，就以华夏视之，吸收了大量的同化者。《论语·宪问》孔子赞美管仲驱逐夷狄而保存华夏的文化时，也强调"微管仲，吾其被发左衽（rèn）矣"。左衽②就是一种交领的服装。

　　交领的衣服没有纽扣，要以带子束紧。金文的"带"字，作衣的腰部被带子束紧之后在下摆所形成的褶纹状（羕），但也可能表现带子及其束缚后下垂的末端形，如图一。

　　带子不但可用以束紧衣服，也可以用来携带工具及装饰

---

① 夷狄：古代泛称中国东方各族为"夷"，北方各族为"狄"，因用以泛指异族人。
② 左衽：衽，衣襟。我国古代一些少数民族的服饰，上衣襟向左开。

物件，故引申有携带的意思。带子的功用很多，工作时可携带工具，打仗时可携带武器，行礼时可佩带玉器，平日家居则佩带日常生活的小用具及拭擦脏污的佩巾。《礼记·内则》所载的众多东西中，最具实用性的是"巾"，男女都佩带。所以金文的"佩"字，作宽腰带之下（一般人用窄带）佩带有下垂的巾形（𢁞），旁边的人形表示是佩带在人身上。贵族常佩带成串的玉饰以显现高贵的身份，故"佩"常指称贵重的玉佩，而不是价廉的手巾。也很可能"佩"字形的宽带之下所垂挂的东西是玉佩，只是字形似手巾而已。

当玉器开始被佩带于腰际时，其形制一定颇为简单，只选择一二件穿系以佩带，颜色单调，形式也简单。后来其装饰形制就越来越复杂和讲究了。到了东周时代，已重视成串玉片的排列组合，不但讲求大小高低成组，而且也注意颜色的调和，就成为中国特有的服饰。玉佩组合的形式虽有多样，其基本形制可以从《大戴礼记·保傅》中看出："下车以佩玉为度，上有双衡，下有双璜、冲牙、玭（pín）珠以纳其间，琚（jū）瑀（yǔ）①以杂之。"真是珩（héng）璧相连，冲牙和鸣；玉白组玄，琚赤瑀白。不用说玉的价值，只看其五色相宜，色彩缤纷，移步铿锵，真是美丽优雅至极，是少数不从

---

① 琚瑀：珠玉或玉石所作的佩饰。

事生产劳动的贵族才用得着的东西。

图一

知识链接

玉佩

　　古人腰间或颈上的佩挂，是古人重要的装饰。自战国时期起，古人常把玉穿成小串佩带在腰间，以示佩带者的地位尊贵威严。渐渐地，在腰间佩带玉佩成了古人的一种习俗，尤其是女性，走起路来叮叮当当，声音悦耳动听，因此"环佩"也成了女性的一个代称。

　　玉佩作为一种装饰品也被众多诗人写进诗词里，比如龚自珍的"漠漠郁金香在臂，亭亭古玉佩当腰"、王维的"晨摇玉佩趋金殿，夕奉天书拜琐闱"、苏轼的"山腰自悬苍玉佩，野马不受黄金羁"。

tún

屯

捆缚两片肩胛骨而套成一对之形，为计算甲骨的单位。

◆ 字形变化 ◆

商甲骨文
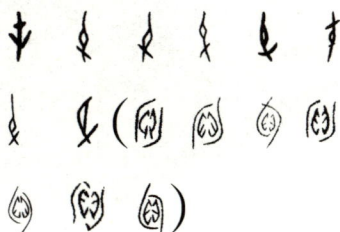

两周金文

秦小篆

现代楷书

屯

　　上文谈到，古代为了防止布幅的边缘松散，使用另一块布幅把边缘包裹而缝合起来。习惯使用一条窄长的布幅，由胸前经过肩膀，绕过头部而回转至腋下缝合起来，因而形成交领的形式。这条窄长的边纯也发展成刺绣不同的颜色与花纹以表示不同的身份，既有防止边缘线绽松散的必要，又可增加美观。这种设施在铜器铭文里叫黹屯。甲骨文的"黹"字，就是作两个己形一类的图案相背或钩连的形状（𢆶𢆶𢆶𢆶）。基本上"黹"字是表达刺绣等使用缝衣针的工作。所以这些窄布幅的制作，最先当是采用刺绣的方式，后来织机发达了才采用纺织的形式。"黹"字后来发展成形声字的黼、黻，以表示最常见的两种颜色图案。这些已刺绣的边纯是上级赏赐下僚，以标志荣庆及权威的东西，不是可随意服用的。《礼记·郊特牲》就说，中衣有丹朱绣黼是中大夫的僭制，所以绣黼也是历代衣制的重要内容。汉代文献反映其价格比织锦还要高贵，不是高级的统治者，难于大量在衣服上刺绣。商代的雕像少见衣服布满刺绣的，大都在衣领、袖缘、衣缘、宽带等处刺绣而已，如图一。

"黹"字的创意不成问题，现在要谈的是黹屯的"屯"字。甲骨文的"屯"字作 ⟨、⟨、⟨ 等形。此字在甲骨卜辞中主要作方国进贡上来的，一对已捆扎好的牛肩胛骨，以及困顿的意义。《说文》的解释："屮，难也。屯，象屮（cǎo）木之初生，屯然而难。从屮贯一屈曲之也。一，地也。易曰：屯，刚柔始交而难生。"字义没有错误，但是所说的创意恐怕就大有问题了。此字在两周金文中作 ⟨、⟨、⟨、⟨、⟨、⟨ 等已失真的字形，到了小篆的时代更有讹变，汉代的许慎看不出其创意也是应该的了。

单看此字的甲骨文字形，因为太简单了，很难猜测其真正的创意。但是另有线索，甲骨卜辞里提到方国进贡甲骨材料的例子只见于第一期与第四期。较早的第一期，用于计算的单位，因为一只牛只有两片肩胛骨，所以两骨成一对为 ⟨、⟨、⟨、⟨，单一的为 ⟨。第四期则用屯与 ⟨。学者考证，是鸟瞰（kàn）①的形象，被两道绳索所包裹的是两块肩胛骨的骨臼的形象。第四期的 是一片甲骨的侧面形象， 则是两片甲骨包扎起来的形象，斜的一横表示捆绑。因此"屯"字的创意和 相同，都是把两片甲骨包裹起来成一包的样子，和《说文解字》所诠释的小草从地下冒出来完全没有关系。

有了以上的认知，可以了解，"屯"字的主要创意是把东西包裹起来。铜器铭文的 屯应该是把衣缘缝合的刺绣，命名的重点是里外都包扎起来，而不是在边缘上。上下把布帛包住当然就比较厚重。所以铜器铭文的"秉德共屯""余用匄（gài）屯鲁于万年"都是丰厚的意思。鄂君启的舟节和车节的"屯三舟为一舿""屯十以当一车"的铭文，意思是联合三条船为一个舿的单位，联合十个挑担算作一车的载运量。联合、屯积都是从把东西包围起来引申的意义。至于屯难的意义，有可能是从被捆绑起来而引申为困苦、困难一类的意义。可以肯定，"屯"字原先应该没有边缘的意思。

---

① 鸟瞰：从高处往低处看。

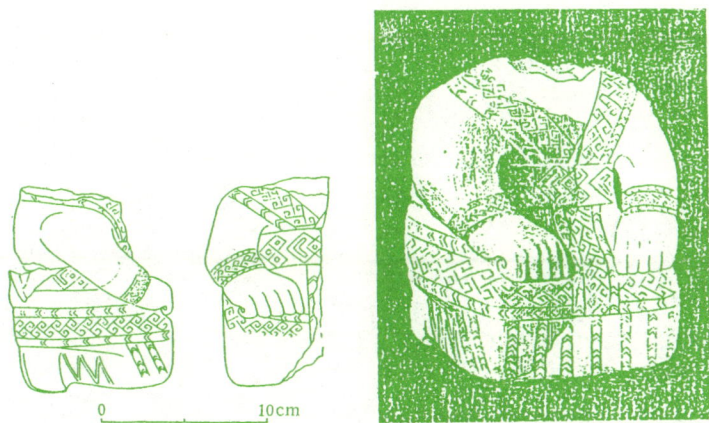

图一 商代跪坐石雕及复原图

出行篇

一文字小讲青少版一

zǒu

走

作两手上下摆动以促进快速走路之意。

◆ 字形变化 ◆

商甲骨文

两周金文

秦小篆

现代楷书

走

人类最原始的本能交通工具是一双脚。其表现于甲骨文是"步"字，作一前一后的两个脚印，以表示行进中之意（🦶）。人的脚趾本有五个，太过繁多，不容易写完整，故减省成三趾。突出在外的是大拇指。两只脚的脚趾一定是相对的，所以都这么书写。在缓慢的步行运动过程中，双手虽然也有摆动，但摆动的幅度总不如脚步明显，故使用两个脚印就足以表达行走的意思。有时此字又附加行道的偏旁（彳、彳亍），使行走于道路的意义更为清楚。如有急事，想要早一点到达目的地的话，就要走得快些。"走"字的创意就是快步行走。想要走得快，就需要两手前后摆动，以促进行走的速度，因此甲骨文就作一个人的两手上下摆动之状（ ）。如此的动作不一定是快走，所以后来加上一只脚（ ），把走路的意思明显表现出来，或加一条行道（ ），这样，在路上快走的意思就不会被误解了。如果更要强调快跑的速度，那就是"奔"字，金文作摆动的双手和三个脚步，或多一条行道（ ），就好像现代用连续影像的镜头来描写快速的动作一样。

　　商代的随葬坑，已经出土许多结构颇为精美的二马拉曳马车，商王于从事田猎或旅行时，肯定会经常利用之。有时却会放弃车驾而和部众一起用步行，有一条卜辞（《合》①38177）问不使用车前去田猎，结果是累坏了商王。有一版的记载更奇怪（《合》17230），问王武丁有病的身体会不会康复，同一版却又问"走灾"到某地合不合适。快走以免灾，到底与不舒服的身体有什么关系呢？

　　文献记载，魏晋时代很多名士服食一种所谓寒食散，那是一种用钟乳石、朱砂等矿物炼制的药散。吃了后身体会发热，不但要穿单薄凉快的衣物，吃食属性寒冷的食物，还要快步行走以助身体散热。说这种方式"非唯治病，亦觉神明开朗"。生病本来要多加休息的，现在竟然要快走以去病！商代的人会不会也用类似的方法治病呢？

①《合》：指的是《甲骨文合集》，简称《合》。

图一这件陶俑头戴轻便帽子，有宽带罩住两耳，并在下颌处束缚住。里面穿暖而厚的红领而有红宽缘长袖的至膝盖的内衣，外头罩以红边纯而略短的绿色战袍，最外面又加上方领的黑漆皮革鱼鳞甲，而在铠甲下端的腰部用带绑紧。脚穿彩绘的高筒皮鞋。他的姿势，头稍微抬起，两眼直视前方，左臂下垂而袖管卷起，右臂上举，食指与大拇指伸直。好像是甲骨文"走"字所描写的形象。不过我们知道他不是在快走。出土时，他排在整个军阵五百三十八个彩绘骑马俑的最前列，上举的右臂应该是在做指挥之状，在给前进的军队做下一个动作的指令，所以给了这个陶俑以指挥俑的称号。他在一军中的领导地位，帮助我们觉察或感受出他脸上所表现出的坚毅果敢气息。洗练的造型、栩栩如生的神态，深深感动了两千年后的我们。

图一　白衣彩绘灰陶军士俑
高五十五厘米，陕西咸阳杨家湾出土
西汉，公元前二〇六年至公元二十五年

zhǐ

止

象脚有趾之形。

◆ 字形变化 ◆

商甲骨文   ψψψψ

两周金文   止

秦小篆   止

现代楷书   止

　　人是种会移动的生物。生物移动的方式有多样，移动的速度越快，移动的范围越广，则获取资源的机会也越多。人类虽不是移动最快的，但移动的范围最广，应该是不成问题的。

　　人的移动主要是靠两脚的运动，但人的脚除了移动之外，还可以从事很多的活动，这一点也是其他动物比不上的。在三千三百年前的甲骨文时代，脚一般用"止"去称呼，如"疾止"是脚有了毛病。"止"的甲骨文字形（ ），参照金文的族徽符号，应该原先是有五趾的，后来为了书写笔顺的方便，省简了两个指头，所以成了三个脚趾。《说文解字》的解释："止，下基也。象艸木出有址，故以止为足。"

了解"止"与"足"有关是正确的，但因为字形已稍微起变化，看不出是脚步的形象，因而解说是草木冒出土地面的形象。甲骨文另外还有一个与脚有关的患病部位"疋（shū）"，看起来是整条腿的形象（🦵🦵）。此字后来假借为其他意义，就很少使用早期的意思了。

人类要有接触，经验才能交流而增广，这是文明促进发展的重要因素。越落后的社会，其处境就越闭塞。世界上没有一个高度文明的国家不伴随着快速而有效的交通传递网。没有快速的交通，政策及信息都没法及时下达，难于建立中央控制的政权而成为大帝国。尤其是商业，没有价廉而有效的交通使交流的速度加快，流量扩大，地域增广，贸易就难进行，产业也难扩展，城市难建立。

用脚走路是人类最原始的本能。起先必然靠脚的运动才能到达目的地。在次第有了各种代步工具的发明后，人们用脚走路的需要才渐减。甲骨文的"步"字，作一前一后的两个脚步印（🦶🦶🦶），表示行进的动态。行走时两脚的拇指一定是对内相对的，如果两脚的拇指同在一边，就寸步难行了，所以与行进有关的步伐，两趾一定相对。如果拇指是同方向的，就表达其他的意义了。后来人们常走的途径成为行道，所以此字有时又附加行道的偏旁（🚶🚶），使行走于道路的意义更为清楚。

　　在缓慢的步行运动过程中，双手虽也摆动，总不如脚步明显，故两脚即足以表达行走的意思。如若快步行走，就需要两手前后摆动以促进速度。意义是快步行走的"走"字，早先作两手上下摆动的人（ ），后来又加上一只脚（ ），或行道（ ）。如果强调快跑的速度，就是"奔"字，作摆动的双手和三个脚步，描写疾奔于眼前的连续快速脚步状况（ ）。脚步如果受到限制，不能正常跨步，行走起来就会缓慢而后于人。所以甲骨文的"后"字，原来作脚上捆缚有绳索之状（ ），后来才加上行道（ ）。脚被绑住大概是罪犯或俘虏的形象，对他们的行动当然要加以限制以免其反抗。

　　经常被人们脚步践踏的途径，渐成与两旁荒草有别的道路。而到了青铜时代，产业渐兴，人口繁殖，人们多集中于村邑（yì）或城市居住。村邑或城市之间常行走的捷径就被开辟为大道。甲骨文的"行"字作十字路口形（ ）。那是规划出来的道路，不是众人无意间走出来的羊肠小道。行道是为人们行走的便利而修建的，故在文字里，"彳（chì）"（行的左半）、"止"与"辵（chuò）"都作为有关道路及行动的意义符号。

jiàn

建

手持笔规划道路的修建。

◆ 字形变化 ◆

商甲骨文 →

两周金文 →

秦小篆 →

现代楷书

为了让马车能顺利快速地前进，并且保证安全，都得对行道有所治理。特别是出于军事目的，更要讲求道路的平直，以利车马的奔驰和紧急信息的传递。《诗经·大东》有"周道如砥，其直如矢"，即反映其实况。要有详密的设计和小心的修造，道路才能平坦而坚硬。《说文解字》："津，立朝律也。""津，均布也。"甲骨文的"律"与"建"为同一字，作手持毛笔策划便利交通之道路蓝图，以便依之修建。行道的营建有一定的规格及要求，故有规律的意思。供车马行用的大道才需要谨慎地规划和营建，如果是普通人行的羊肠小道，就不必如此慎重其事了。

《说文解字》："直，正见也。㥁，古文直。""德，升也。"甲骨文的"直"字作以眼睛检验标杆是否笔直之状。"德"字则以眼睛有检验筑路是否平直的才干表意。商人用夯打的方式建筑宫殿及城墙，自然也能应用同样的方法修筑道路，使道路坚硬而平坦。只是道路修筑的工程颇为浩大价昂，除有限几条重要大道，不能普遍用夯筑法修建。到了春秋时代，随着商业活动的扩大、战争方式的升级，对于行道的需要和标准也跟着提高。秦统一后，为加强中央控制的效率，就在各国旧有的基础上大力修建驰道。《汉书·贾山传》有这样的描写："东穷燕齐，南极吴楚，江湖之上，濒海之观毕至。道广五十步，三丈而树，厚筑其外，隐以金椎，树以青松。"连金属都用以加固路基，可想见建造的讲究。

知识链接

车同轨

　　战国时期，各诸侯国没有统一的制度，使用的钱币、马车大小、车道宽窄等各有不同。秦始皇统一中原后，颁布了一系列法令，不仅在全国统一法律制度、度量衡、货币和文字，还规定了马车车辙之间的距离大小。

　　据《史记·秦始皇本纪》记载："而舆六尺，六尺为步，乘六马。……车同轨。……治驰道。"秦始皇规定车宽为六尺，六尺为一步，驾车用六匹马，车两轮间的距离相同。他还下令修驰道、直道，把各地连通，形成以咸阳为中心的四通八达的交通网，完善了交通系统。

xīng

兴

四手共举起一舆架，口为后来无意义的填空。

◆ 字形变化 ◆

商甲骨文

两周金文

秦小篆

现代楷书

　　在利用轮子滚动以前进的车子发明之前，如有不良于行的妇孺老幼需要移动时，人们最先使用背负的方法，后来想出了用担架或肩舆的形式。《说文解字》："𦥛，起也。从舁（yú）同。同，同力也。"甲骨文的"兴"[①]字，作四手共同抬举一个担架或肩舆之状。这种长方形的肩舆盘已见于安阳出土的商代遗址中（图一），从实物的手把各有两个穿透的孔洞看，应是穿绳索而让两个人前后用肩头扛担着，并用手抓紧手把。但比较有威势的，就可以由四个人各举起一隅。

---

① 兴："兴"的繁体字为"興"。

另一个"舆"字,《说文解字》:"𦥯,车舆也。"甲骨文则作四手共举一个另一形式的肩舆之形。其舆座是圆形的,把手是只有通贯前后的一根粗杆,恐怕还得再套上绳子,用手扶着舆座而以肩膀扛着才能稳定。另外还有一式,《说文解字》:"辇,挽车也。"金文的"辇"字作两个人推动一部有轮子的车子形状。

在意义使用的习惯上,"兴"字用于一切有关抬高、兴起的动作和形势。"舆"则是多人抬举的肩舆,后来被转用到车子的舆座部分,后又由舆箱扩充到整个的车体。"辇"本来指以人力推动的有轮车子,后来也包括以人力抬举的肩舆。

商代贵族使用速度快的马车行路,但对妇孺老弱或没有乘车经验的人而言,马车并不是舒服而安全的交通工具。《晋书·舆服志》说到了东汉晚期,缓慢稳定的牛车就变成上自天子,下至庶民的日常坐乘工具。牛车虽安全,也不是任何情况都合宜的。如上山、下厅堂就有点不方便。有些庭院可能规模相当大,自大门至内室有一段距离,贵妇人不想抛头露面到门外乘车,也有必要以轻便的、随处可到的肩舆代步。这种以人抬举的工具,原来或只是对不良于行者的一时权宜之便,并无低视抬举者的人格的意思。但是有些男子壮汉,为了夸示财富,也仿效之而竞相为豪奢之举。

《晋书·桓玄传》说桓玄造作大辇可容三十人,以二百人抬举。可想象其前呼后拥、威风凛凛的气势。此种过分的炫耀，当然会引起别人的反感。加以社会的生产力提高，人性尊严也渐受重视，以至人们认为始发明者必为不仁的暴君，因而把肩舆、步辇的发明归罪于历史有名的暴君，如公元前十七世纪的夏桀，甚至是秦始皇帝。忽略了其前已有黄帝发明人力车的传说，以及东周时的高阶层社会，肩舆已甚为普遍的事实。牛车既成一般人所能供应得起的交通工具，而马车又有颠簸之苦，因此为了炫耀地位与财富，贵族喜用舆、辇代步，故也演变成"乘舆""辇"等词语以为帝王的代号。

图一 商代肩舆盘的复原图

chē

车

作车子整体的形象。常简省部分。

◆ 字形变化 ◆

商甲骨文

两周金文

秦小篆

載ₖ 車ₛ

现代楷书

车

　　车子能载重行远，速度或不如水运快捷，费用也不如水运便宜，但能适应绝大部分的地理环境，可深入各个角落，不像水道的线路有限，所以仍然是古代与远地交通的最重要工具。

　　"车"是个象形字，作或繁或简的车子形象。最详细的是金文的族徽（ 𝌆𝌆 ），包括两个轮子、一个舆架、一条辀（zhōu）、一支衡、两个轭（è）、两条缰绳。这样繁杂的字写起来太费劲，所以甲骨文就省略比较不重要的部分（ 𝌆𝌆𝌆𝌆𝌆𝌆 ）。又因为轮子是车子的最基本零件，省略不得，故小篆的字形就省略至只剩轮子的形状（車）。

车子是轮子的应用。《淮南子·说山》说轮子的灵感来自常见的飞蓬或落叶等团团旋转而下坠的现象。人们见此情景已几百万年，恐怕渊源来自更近时期。纺轮是与轮子相似的应用，是中间有孔的扁平璧形器物。古人以木棒贯穿，捻之旋转以缠绕丝线而纺织，非常接近有轮轴的轮子形。六千多年前仰韶文化时代已常见陶纺轮，其陶器也有用轮盘缓慢旋转加以修整的痕迹。四千多年前的龙山文化时代，陶器就普遍利用快轮制造，对于轮子的应用已累积有相当多的经验。

考古证据显示，近东大致在五千年前就有了车子。中国最早的证据是青海都兰诺木洪塔里他里哈的一个三千八百年前的遗址，轮子有十六根辐，应该距离实体轮的初创时代有段时间了。但有人认为遗址的样本可能受到辐射的污染，年代不足为据。中国的马车大量见于商代的遗址，而且结构与装饰精美。因为不见从简陋到精美的发展过程，所以西洋学者就认定，中国的造车技术传自西洋。

中国把车子的发明归功于传说中的约四千七百年前的黄帝。车子的拉曳动力改进过程是由人而后牛而后马。如果以商代马车的精美情况去推测其发展所需的时日，则传说的四千多年前的夏禹时代以马代牛拉车，可能是接近事实的。中国对于马的驯养，在山东章丘城子崖的四千多年前的龙山文化遗址已见证据。中国人不吃马肉，其毛皮也无特别用途，所以驯养的目的一定是利用它的力气。中国人骑马的习惯很晚才确立，所以用途不外是拉车。马车的应用恐怕也有时机上的原因。其发展的主要目的在中国可能不是货物的输送，而是军事的需要。四千多年前是战争规模扩大，接近建立国家的阶段。早期的车舆很小，装不了多少东西。路况不佳，不宜做快速奔跑，再加上重心高，易翻车。甲骨卜辞就曾提到商王武丁两次田猎翻车的事故。《左传》鲁襄公三十一年还记载郑国子产以驾驭马车比喻为政之道："若未尝登车射御，则败绩厌覆是惧，何暇思获？"要想能在马车上作战射箭，显然需要相当多的训练。君王冒险乘坐它，很可能是为了取得高度机动性的高台，一如戴高帽，以利指挥大规模的战争，让战士易于接受指令，并因而发展展示身份的目的。

中国与西洋马车使用的目的很不一样。西洋重视其速度，舆架的重心低，驾驭者用站立的方式以避免翻覆。所以尽量减轻车架的重量，不多加装饰以减轻马的拉曳负担。但是商代的贵族为了炫耀，加上很多不必要的甚至妨害快跑的繁多装饰。如以安阳一个商代的随葬马车的墓坑作为例子，其中一车装饰各样的铜饰件约有一百七十件之多，超过十三公斤。甚至马的身上也要加上不必要的铜饰件好几公斤。其实强固车子性能所必需的铜零件可以不超过一公斤。到了春秋晚期，为了减轻其重量，连强固车毂^①（gǔ）的铜辖^②（guǎn）也被取消，改用涂漆和皮筋加固。

中国古代马车的辕较直，它架在比车轮半径还高的马颈上，使得车舆的重心高（超过七十厘米）而不稳。商代的甲骨卜辞就曾提到王武丁的两次翻车事故。对于如此高的车轮，驾驭时就要尽量压低重心，才可以减少颠覆的危险。因此理想的驾驭方式是采取跪坐的姿势。商代舆架底部常使用编缀的皮条，它具有弹性，虽不利站立的稳定，却能保护跪坐者的膝盖。甲骨文驾驭的字作℔，虽然难猜测其创意，但明显与跪坐的姿势有关。大概乘者在展示时才站立起来。

车子的结构复杂，要求的技巧高，造价昂贵，非一般人所能拥有。马也需要专门人才经过精选良种及长期训练才能胜任，要高级贵族才能有此财力。《左传》鲁襄公三十一年还记载郑国子产以驾驭马车比喻为政之道："若未尝登车射御，则败绩厌覆是惧，何暇思获？"要想安然在马车上作战射箭，显然需要相当多的训练。所以牛车虽缓慢，先为老弱妇女所乐于使用，汉代晚期以后就取代马车，成为包括贵族的全民交通工具。

---

① 毂：车轮中心的圆木，周围与车辐的一端相接，中有圆孔，用以插轴。
② 铜辖：车毂孔外面四周的金属套。这里指铜做的辖。

图一　临潼秦陵出土，铜四匹马安车模型
通长三百一十七厘米，高一百零六厘米

知识链接

《左传》

《左传》又称《左氏春秋》或《春秋左氏传》，与《公羊传》《穀梁传》合称"春秋三传"。《左传》是"儒家十三经"之一，既是古代史学名著，也是文学名著。

《左传》是一部编年体著作，相传是春秋时期鲁国史学家左丘明所撰，记录了鲁隐公元年（前722年）至鲁悼公四年（前464年）周王朝及诸侯各国的重大历史事件，较为真实地反映了时代风貌。

dēng

登

双手扶持矮凳让他人上登之状。

◆ 字形变化 ◆

商甲骨文

两周金文

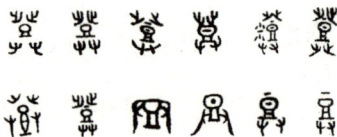

秦小篆

现代楷书

登

　　古代的交通，水运的费用比陆运便宜得多，也经常快捷
得多。但是水运的路线有限，不能随心所欲到任何的地区去。
有些河流有时也不深或太过急湍，不易航行。在河川不到的
地方修建运河更是耗费财力，所以陆运终归是比较普及的交
通方式。陆运需要依靠牲畜的力量，牛温顺有力，行步缓慢，
宜于载重，是平日或战时载重的主力。但马奔跑的速度快，
宜于快速传递消息或追逐猎物，虽然训练的费用高，但经济
不是贵族首要的顾虑，后来又直接参与战斗任务，更是贵族
游乐及打仗所乐于依赖的工具。牛车是一般人民谋生的工具，
舍不得放进坟墓中，故商代随葬的都是贵族炫耀身份的马车。

　　商代的马车因为采用的系驾方式，车舆高挂在车轴上，离地有七十到八十五厘米高，容易翻覆。如此高的舆架，连劳动的人士都无法跨步而上，更不用说讲求行动优雅的贵族，因此要有相当程度的高垫脚物，贵族才能雍容地上车。甲骨文的"登"字，作两手按着一把矮凳，让他人的双脚登上之状（），有时省略了扶住的两只手（）。"登"本是上车的动作，后来引申为一切上升的动作和形势。

　　用以登车的东西，较低级的贵族可能只是普通的矮木凳子。明代的一组陶俑，有一名文士装扮的骑马者和一位伺候的仆人。仆人的肩上套着一把矮凳，显然不是准备给自己休息的，而是让主人兼为上下马骑之用。马背的高度与商代的舆架相当。想来这位文士不娴习马术，不会借用马镫，而要靠凳子才能上下马背。

　　高级的贵族就更为讲究上车的器具了。安阳侯家庄的商代贵族大墓曾经出土一件专为登车的低矮石凳。那是一块形状扁平，上面密布雕刻花纹的石头，如图一。花纹表现的是一对相背的老虎。不雕刻花纹的一面钻刻有凹槽及孔洞，可穿过绳索以便搬动这块石头。《诗经·白华》："有扁斯石，履之卑兮。之子之远，俾我疧（qí）兮。"即是描写这种上下车的工具——乘石。

　　越高贵的人，行动越要求优雅。从商代乘石的形制看，使用时两位下人拉着乘石两端的绳子，使乘石平放在地上，让贵族走上这块石头后，两人就拉高乘石，有如乘坐升降机，高度到了舆架后的出入口，贵族就像走路一样，踏进舆架里，连抬高脚步的麻烦都不必有，姿态是多么优雅。大贵族上车一定要有如此制作讲究的石制践踏物，故"乘石"一词在一些文学作品中就成了最高统治者的代名词。如《淮南子·齐俗》："武王既没，殷民叛之。周公践东宫，履乘石，摄天子之位，负扆（yǐ）而朝诸侯。"

商代的马车只用二马拉曳，西周早期很可能已注意到快速的重要性，所以就发展了用四匹马拉曳的车子，也开始称呼一辆马车为一乘。甲骨文的"乘"字，作一个人站在一棵树上之状（ ）。后来大概人的形状已经不太容易被了解，所以金文时代就加上两只脚（ ）。

图一 商代的乘石，侯家庄一〇〇一墓出土
公元前十四世纪至公元前十一世纪

知识链接

奚仲造车

奚仲，姓任，在夏朝当过掌车的官。传说他创造了我国古代最早的车。

据《吕氏春秋·君守篇》记载："奚仲作车，仓颉作书。"意思是：奚仲是车的创造者，仓颉是汉字的创造者。而《荀子·解蔽篇》中记载："奚仲作车，乘杜作乘马，而造父精于御。"即是说奚仲创造了车，乘杜发明了马车，造父有熟练的驾车技术。

yù

御

跪于绳索之前，攘除仪式。

◆ 字形变化 ◆

商甲骨文

两周金文

秦小篆

现代楷书

御

　　"御"字的意思，现在有两个大类。一是和驾驭车马有关，因帝王是离不开车马的领导者，所以扩充意义至与帝王有关的事务。一是与抵御有关，如抵御外敌、灾祸、病难等。其实原来自不同的两个字。

　　商代的人对于某些外伤的治疗已有相当大的把握，有外用药物。对于一些内科病疾，也使用药物治疗。在河北藁城一座早商时代的房屋遗址里，发现了三十余枚去壳的植物种子，其中有桃仁和郁李仁。这两种药物都见于汉代编辑的《神农本草》，有类似的疗效。《神农本草》说桃仁"主瘀血、血闭症瘕、邪气，杀小虫"，历来被用为下瘀血、通经、腹中结块、通便的药物。对郁李仁的效用说"味酸，平。主大腹水肿，面目四肢浮肿，利小便水道"，历来用于通大便、泻腹水、治浮肿，能破血润燥。吃了这两种东西都可导致腹泻，食用的可能性小而作为药材的可能性大。这两种疗效相似的果仁，都被发现于屋里，推知商人对于桃的果实和种子的功用显然有所区别，有意剥去坚硬的外壳，储存其种仁以做储备药物，想不出有其他更好的解释了。《孟子·滕文公上》引商代文献《说命》："若药不瞑眩，厥疾不瘳（chōu）。"显然是对内科服药有相当多经验后的知识，知道药力作用令人昏昏欲睡。

但是内科疾病的病因很难诊断，很多看不出其关联性，商人只好把它归因于鬼神作祟、突变的气候、饮食的不慎和做梦。对鬼神、梦魇等人力无法控制的因素所引起的病痛，商人除了向鬼神祈祷、祭祀外，似乎没有其他太好的办法可想，与较不开化部族的做法也无大差别。从卜辞可看出商人对于内科病疾积极救治的方式是御。甲骨文的"御"字，作一人跪坐于某物之前有所祈愿之状（ ）。"午"是绳索，"卩"是跪坐的姿势，大概表达巫师作法的形象吧，已无从考察。

巫师作法为什么和驾驭有关呢？原来纯粹是来自字形的混乱。甲骨文驾驭的字作 、 、 ，和攘除之御的较晚字形有点像，所以后来就被合并成了一字。驾车的创意现在还难猜测，但显然与跪坐的姿势有关。中国古代马车的辕较直，它架在比车轮半径高的马脖子上，使得车舆的重心高而不稳。驾驭时要尽量压低重心，才可以减少颠覆的可能性。因此理想的驾驭方式是采取跪坐的姿势。

战国铜器上的车马狩猎纹，车战时似乎以站立为常。但有一器物的花纹好像是御者跪坐而战斗员立乘。还有一件漆奁上的彩绘，驾驭者与乘者显然都是坐着的。如图一，湖北江陵出土战国丝织品上的田猎图案，驾驭者跪坐，而弓箭手则长跪或站立。商代车厢的栏杆甚低，只有四十几厘米高，不容作为站立者攀缘之用。另一早期马车跪坐驾驭的现象是，晚商的车厢设计已如西周时有突出构件可容纳屈膝跪坐。舆厢底部使用皮条加以编缀，它具有弹性，不利稳定站立，却能令跪坐者减轻很多颠簸的辛苦。《礼记·曲礼》记载有先为跪坐，容车行五步后才站立的礼节。想来驾驭者采跪坐，御者、战斗员或发号令者有需要的时候就站立起来。

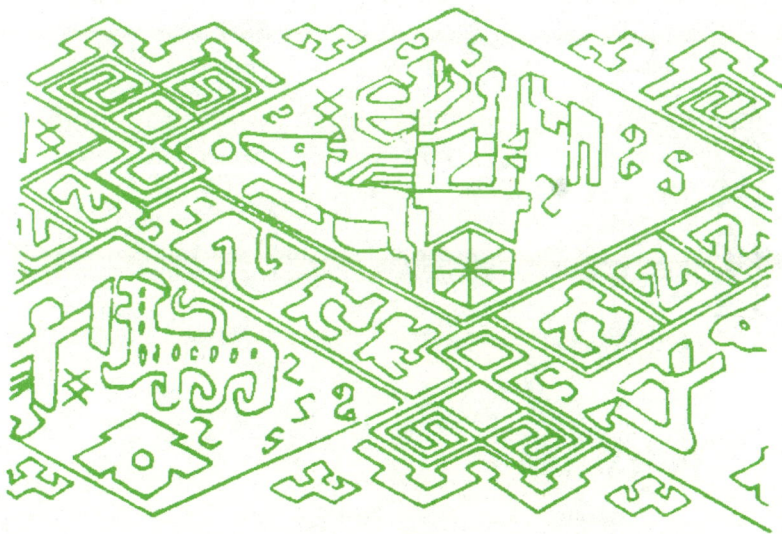

图一 湖北江陵出土战国丝织品上的田猎图案，驾驭者显然采取跪坐

知识链接

古代乘车礼仪

《礼记·曲礼》记载："君车将驾，则仆执策立于马前。已驾，仆展軨。效驾，奋衣由右上取贰绥。跪乘，执策分辔，驱之五步而立。君出就车，则仆并辔授绥。左右攘辟，车驱而驺。至于大门，君抚仆之手，而顾命车右就车，门闾沟渠必步。"由上述记载可以看出中国古代君王用马车时，仆人要跪坐在马车上，把缰绳分开，驾车向前五步后停在门外等候君王登车。君王出来准备登车时，仆人需要一手拿着缰绳，一手把登车用的正绥递给君王，并让左右两边的侍从避开。马车行至大门时，君王扶着仆人的手臂，并回过头去命令卫士登车。每当车路过城门、里门和沟渠的时候，卫士必须下车步行，确保车的安全。

shè

涉

两脚步跨越水流之状。

◆ 字形变化 ◆

商甲骨文

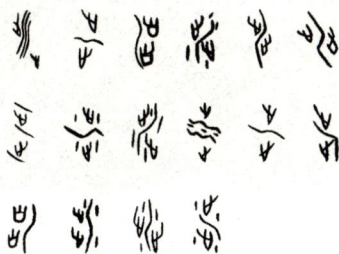

↓

两周金文

↓

秦小篆

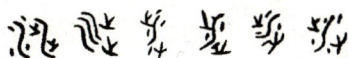

↓

现代楷书

涉

　　人不能离开水而生活，古人最先选择滨水之山丘居住，生活圈越来越大时，就不能不往山下移而邻近河流。为了寻找生活的素材，或为了联络讯息，自然有不少机会需要渡过水流到对岸去。架桥在古代是个大工程，不是少数人所能完成的。大部分的河流是没有桥梁可渡的。在枯水期，水量不多，人们可以涉水而过。甲骨文的"涉"字，作两个脚步跨越水流之状（𣥎 𣥒 𣥓）。绝大多数的"涉"字，两脚步分别在河流的两边，表现跨过河流的动作。

　　如果在高水期，河流深邃宽广，虽然也可以借助舟楫渡过，但舟楫的建造也不简单，也不是随时停靠在岸边等待着，这时如果有要事，赶时间，不得已也要涉水或游水而过。为了安全起见，最好是借助漂浮物，凭依浮游而过。常见的漂浮物是木干、树叶。人的体重只有大树干才可以支撑得起，但大树干不易找得到，过于笨重也不能随身携带。怎么办？

《易经·泰卦》九二爻辞有"包荒，用冯河"，根据先师屈万里教授的考证，这句话的意思是大瓠瓜可以利便渡河。人们发现挖空晒干的瓠瓜，量轻而浮力大。瓠瓜个体越大，浮力也越大而载重多。一般的瓠瓜如果带上二三个就足够浮起人身。挖空的瓠瓜可以装水，水也是旅行者必备的东西。因此远行的人就随身携带挖空的瓠瓜壳，一来可装清水，遇到河流时就可借之漂浮渡过，一举两得。借用瓠瓜之力渡河看似原始，但在秦汉时代还是行旅常备之物，不少先秦文献都提及以瓠瓜渡水的应用。如《庄子·逍遥游》："今子有五石之瓠，何不虑以为大樽而浮乎江湖。"

抱瓠瓜渡水有个缺点，衣服肯定会弄湿。对一般平民来说，这不是大问题。渡过河岸后把衣服烤干或晒干，又可以上路了。但对讲究身份的贵族来说，穿着湿漉漉的衣服呈现在他人之前，尽管时间不长，可能也会觉得不体面。金文有个"濒"字，由"页"与"涉"组合而成（𩠐𣲩𩠐）。《说文解字》的解释是"水厓（yá），人所宾附也。颦戚不前而止。"《说文解字》还收一个"涉水颦戚"的"颦"字，创意一致，与涉水有关。

　　仔细看金文的字形，"涉"部分的两个脚步都在河流的一边，表现的是还未渡过河的景象。"页"是把人的头部也画出来的样子，有时连眉毛也描绘出来。在早期的文字中，这是贵族的特有形象。一般人用简易的侧面形象就够了。为什么强调贵族的身份？一般人别无形象的考虑，涉水而过就是了。但贵族就会考虑东考虑西，皱眉头有所顾忌，犹疑不下，难于决定到底要涉水还是不涉水呢。

　　人在考虑事情难下决定时，常会皱起眉头来。这是人类社会所碰到的情况，有必要以语言文字表达。而在古代，忧国忧民是贵族的专利，一般人只要有饭吃就很满足了。如果用图画把皱眉毛确实描写出来，对大众来说，可能不是容易的事，因此转而用常皱眉头的贵族或事态去表现。就像"忧"①字，也是用贵族的心去表达忧虑的情态。

---

① 忧：繁体为"憂"。

图一　陶船

高十六厘米，长五十四厘米

广州出土

东汉，公元一世纪至三世纪

前有碇，后有舵，船上六人，依人身高比例换算，船长可达
十四至十五米，载重约五百斛以上，甲板还布置六组矛与
盾的武备

zhōu

舟

象多块木板接合之船形，有突出之船头尾。

字形变化

商甲骨文

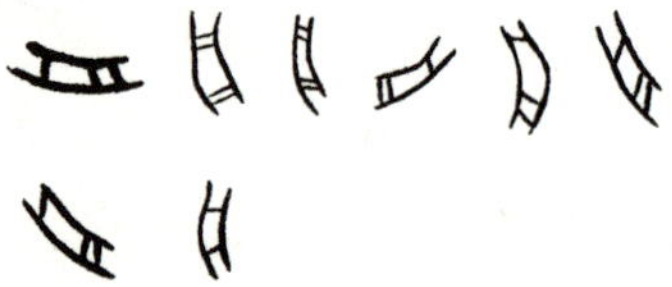

↓

两周金文

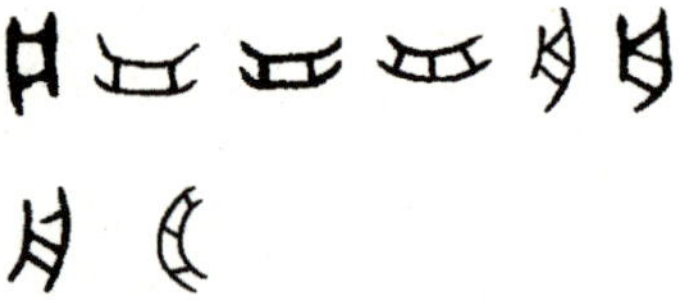

↓

秦小篆

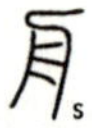

↓

现代楷书

舟

  图一这件银制的立雕，造型是一位放眼前方的文士，悠闲地坐在一段枯木所挖斫的木槎（chá）上之状。这样的题材常见于古代的装饰工艺品，应是表现西汉张骞乘坐木槎探查水源、访寻仙迹的传说，大致带有希求长生的愿望。此银雕做工精细，人物神情栩栩如生，堪称佳作。据所勒的铭，知是元代著名的浙江银作工朱碧山所造。

  白银在欧洲是常见的工艺材料，一直到现在，都有很好的银器制作传统。但在中国，因本土的储藏量稀少，到春秋时代因楚国加入中原的政治舞台，才渐有以银为贵重金属，充作贸易的货币，很少用来制作生活的器具。历代只有唐代才普遍以之制作各类日常生活用品。这种现象也许与唐代的国威远播，西方各国争相前来贸易，以白银交换中国的丝绸有关。元代的银制工艺品流传不多，所以此作品弥足珍贵。

独木舟的稳定性差，载重量有限，商业的利用性不高。要集合了许多木板，拼装成有舱室的船，才会增高其稳定性和载重量，达到水运要求的经济与快速的效果。根据战国与汉代的文献，一船的载重量可当数十辆牛车。顺流而下，速度可以超过辎重车马十倍，而且不耗人力，经济和军事上的价值非常明显，所以水运的利用开始得很早。《尚书·禹贡》谈到夏禹时代各地方献上土贡的路线，只有在没有适当的水路时才采取陆路。

甲骨文的"舟"是个象形字（），中间是船身，突出的两端分别是船头和尾部。从字形看，应该就是由多块木板组合的船形。用木板组装的方式才能突破木干宽度与厚度的限制，拼装成载重量高的大型船只。所以有必要证明甲骨文的"舟"字，所描绘的已是由众多板块所组装的船。

甲骨文的"朕"字，作两手拿着工具在船体上工作之状（）。"朕"使用为第一人称代名词，一定是假借的意义。《考工记·函人》里的"朕"字有隙缝的意义，很可能就是"朕"字的本义。板块组装的船，最要紧的地方是把船板之间的隙缝填塞，使紧密而不渗水。渗水的话，就会下沉。舟船的外形与古代的鞋履形状相似，故或以为"朕"字表现手拿针线缝制鞋子而留下隙缝之意。但此字表现的是双手持拿器具之状，使用针线缝制鞋子不必使用双手拿针，故造船的解释较为适当。

六千多年前的浙江余姚河姆渡遗址发现了划水的木桨。同时也发现了企口板，那是在木板的侧面开凿出企口来容纳另一块有梯形截面的木板，使两块木板紧密衔接成不通隙缝的平面。而这个地区五千五百年前的遗址也发现了生漆一类的木器保护涂料，可以用来填补木板间的隙缝使不渗水。木板间的隙缝不漏水是造船的起码要求，理论上五千多年前中国已具有制造舟船的必要技术了。从"朕"字可推论商代有木板组合的船应该不成问题。但防止木板接合之处漏水有相当大的困难，是种特别而不是人人能掌握的技术，造价应该相当贵。所以东汉时候虽已进步到建造多层的楼船，独木舟还是多次发现于江苏、浙江、福建、广东、四川等水乡地域的秦、汉遗址。

图一　银制张骞乘槎访仙圆雕
高十一点四厘米，宽七点五厘米，长二十二厘米
元，至正乙酉（公元一三四五年）朱碧山造

zào

造

屋子里有舟，是制造的阶段。

◆ 字形变化 ◆

两周金文

秦小篆

现代楷书

造

之前介绍过"朕"字，创意来自双手持拿工具弥补船板间的隙缝，故有隙缝的意义，假借为第一人称代名词。现在介绍另一个与造船有关的字。

在古文字中，∩是常见的构件，画一座房子的外廓形状。建筑物的功能多样，建造的规模与形式也自有不同，因此古人也依此概念创造了好多意义不同的字。"宗"是同宗的人祭祀祖先的所在。"家"是养猪的地方，一般百姓的家。"宰"是执行刑罚的官厅①。"寝"是存放扫把，睡觉之前要扫地的房

————————

① 官厅：旧时指政府机关。

间。"宣"是有雕刻装饰的政治领袖的房间。"库"是停放车子的库房。"安"是妇女要生活在屋内才安全。"冗"是男人不工作时才在家中休息。那么，金文的屋子里放有一只船（⾈），意义该是什么呢？

船是航行水上的交通工具，尺寸很大，不会是屋子里摆设的用具，一般也不会把它保存或停放在屋子内。那么，里头有船的房子是什么所在呢？答案是造船厂，此字意义为制造的"造"字。

人与禽兽的最大不同在于能利用材料制造器物。有了文字，当然也要有这个重要的词语。制作是种抽象的概念，各种器物使用不同的工具制造，有不同的制作程序、动作、方式。如果采用某种器物制造的特殊景象，很容易和该器物的意义混淆。如何使用一种动作、一种产品而代表所有的制作的概念，不能不说是一个绞尽脑汁的棘手问题。古人想出了办法，船在制造、组装的阶段才会在屋子里。一旦建造成功，就要放到河海上航行。船一般不会储藏或停放在屋内，只有在建造的阶段才会在屋子里见到它的踪影，所以船在屋内就代表制造的意义！后来为了发音的方便，就加上"告"的声符而成⽹、⽹，省减了房子的形象而成⽹，有时强调某种行业，有了从戈的⽹，从金的⽹，从贝的⽹，最后固定以表示交通的意符⽹表达，终成现在的"造"字。

　　造船是种需要高技术的行业，过程烦琐，需要很长时间，故要在遮盖物下建造，以免受到天候的影响。就目前所知，发掘的古代造船厂以广州的秦汉时代遗址为最早，时代约为二千二百多年前。从遗留的造船台可以测知所造船只的规模。当时一般船的宽度不超过五米，少数的大船可达到八米宽度。如果以出土的船模型推算船的实际长度，此遗址所制造一般货运的船当有二十米长，载重二十五到三十吨。它比《越绝书》所说的可乘坐包括五十人为擢手的九十名军士，宽约十五米，长三十米的战船还小，推知建造的大船的载重量还不止如此。这个造船厂所建造的大概是沿海航行而不是内江的船。发展到三世纪的三国时候，依《晋书·王濬传》，晋攻打东吴的主力战舰可容二千余战士。《水经注》则说东吴的大船坐三千人。而《汉书·食货志》记载其前的汉武帝攻打南粤①时，使用楼船士竟达二十余万人，《史记·货殖列传》说商家的船队连接起来有千丈之长，都可以看出两汉时代船运发展的规模和快速。

---

① 南粤：又称南越。秦汉时分布在南海郡地，后渐与汉族融合。

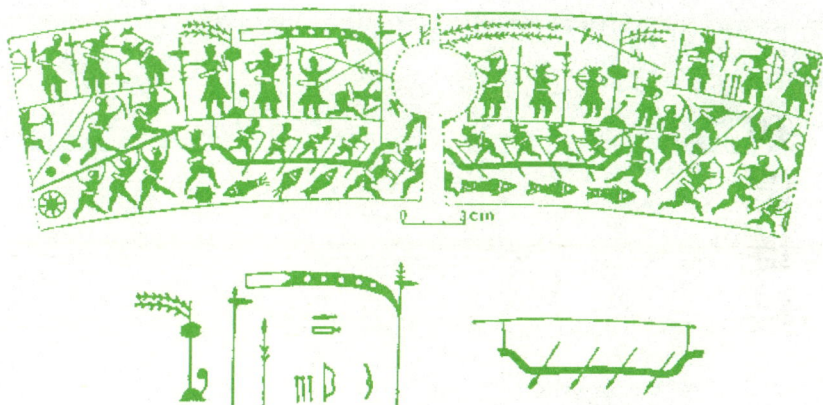

图一　战国铜鉴上的水战图纹，以及战船和武器装备示意图

知
识
链
接

《水经注》

　　《水经注》是中国古代地理名著，共四十卷，作者是北魏地理学家郦道元，主要记载了我国河流所经山陵、原野、城邑等地理情况，还有相关历史事件、人物故事、神话传说等。

　　旧传三国时有《水经》一书，郦道元在其基础上为之作注，名为《水经注》。郦道元在书中所注材料大都为实地考察而来，他做了二十倍于原书的补充和发展。《水经注》至今还是研究古代各类河流水道的重要参考资料，具有较高的史学价值。

居住篇

一文字小讲青少版一

gè

各

一足步入半地下式穴居。

◆ 字形变化 ◆

商甲骨文

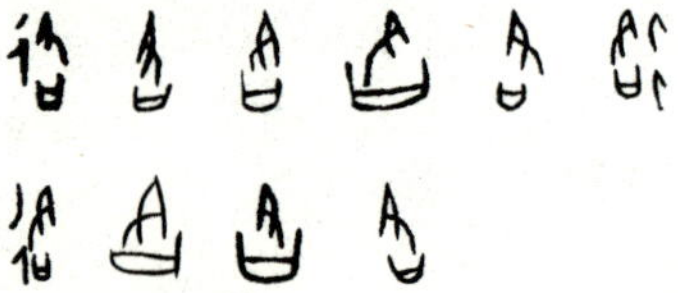

两周金文

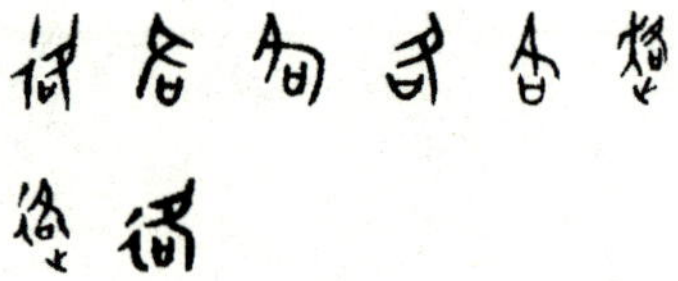

秦小篆

现代楷书

各

　　举凡动物，都需要有睡眠以恢复体力的时候。这时候防御外敌的能力最差，需要建构或寻找一个安全的地方睡觉。有些动物有天赋的能力，能够利用材料建造安全的居所。但人类还在猿人的阶段时，并无能力选用材料建构自己的家，也和大部分的鸟兽一样，要借用天然的洞穴或大树栖身。这两种方式都不尽符合人们的需求。所以当人们制造工具的能力越来越高明时，就开始使用工具修建自己的住屋以遮蔽风雨，防范野兽的侵袭。

　　长江是中国南北的自然分界，江南和江北的气候条件一直有着显著的差异。在商代以前的几千年间，为适应此种自然条件的差异，人们就发展了两种基本的住家形式，一是华北的半地下穴居发展起来的，一是华南高于地面的干栏式建筑。

就营建的技术看，最容易修建的住所是不必筑墙的地下穴居，只要向地下挖掘就可以了。就效用说，它也夏天凉爽而冬天可避风刮之苦。因此和其他民族的早期住所一样，华北也发展了半地下穴式的家居，以适应冬天风寒的气候因素。尤其中国华北，不少地区是黄土所堆积而成。黄土土质疏松，孔隙度高，加上土质的垂直毛管性能发达，每每形成陡直的结构，易于向下挖掘。而且黄土颗粒有轻度胶结性，干燥时不容易发生崩塌。那时的气候虽然较今日温湿，但对挖土不深的穴居来说，也不至发生崩塌的危险。

就技术面说，挖掘圆形的洞穴也要比矩形的容易些。因此在发展的程序上，圆形的一般要早于矩形的。譬如，经常做移动的游牧民族喜欢采取构筑较省力的圆形穴居，而定居的农耕民族则多采取矩形的形式。

中国比较早期的穴居，可以河南偃师汤泉沟的圆形地窟为代表（图一）。其深度超过一个人高，用木柱架设屋顶以遮风雨。更早的或只加盖，可开阖以进出，并防野兽侵扰。为便利进出，就在木柱上捆缚几道脚踏的木梯以便攀缘上下。有些只在地穴的坑壁挖刻方便出入的脚坎。所挖地穴的面积也越来越大，但深度却越来越浅。于是人们就构筑出入的斜坡，可步行出入而不必攀缘东西以上下了。

房屋本是少数人避风雨、防野兽之短暂休息所，场地小。有些房子的面积才三到四平方米而已，只容一二人栖身。它没有足够的空间让人在里头烧食物，遑论其他的活动，一般只有在需要时才进入。随着人们定居时间的增长，构筑技术的进步，家庭结构的变化，房子就越建越大。八千年前的圆形房子，直径才二米多。到了六千多年前的半坡村落，矩形的一般有二十平方米，圆形的直径约五六米。但少量大型的房子达到一百六十平方米，应该是公众的聚会所。恐怕要等到东周时候，人们才普遍住于地面的房子。

在商代，除了贵族及手工艺人，大部分的农民还是住半地下式的房子。故甲骨文的"各"字，意义为来、下临、下降，作一个脚步踏进半地下式的穴居之状（ ）。"出"字则相反，作一脚步踏出穴居之状（ ）。充分表现一般人生活于半地下穴居的习惯。

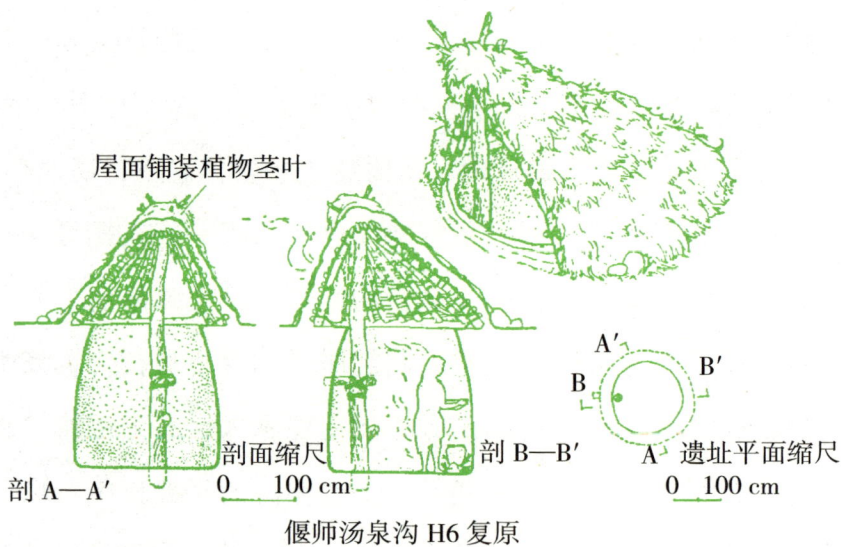

屋面铺装植物茎叶

剖 A—A'　　　剖面缩尺　0　100 cm　　剖 B—B'　　A'　B'　B　A　遗址平面缩尺　0　100 cm

偃师汤泉沟 H6 复原

图一　仰韶文化早期的圆形半地下穴式房子复原图

知识链接

黄土高原上的黄土是怎么来的呢？

　　黄土高原是我国四大高原之一，在秦岭及渭河平原以北、长城以南、太行山以西、洮河及乌鞘岭以东。总面积64万平方千米。黄土高原除许多石质山地外，大部分为厚层黄土覆盖，层厚50—80米，陇东、陕北可达150米。这么厚的黄土，到底是从哪里来的呢？

　　关于黄土高原黄土形成的根本原因，各国学者也曾经展开过激烈讨论，提出来很多学说，比如风成说、水成说和残积说。也有学者认为，黄土高原的厚层黄土是在原始黄土的基础上，经过地质运动、风化作用、水流冲刷多种原因，相互作用形成的。

fù

阜

直梯形。

◆ 字形变化 ◆

商甲骨文

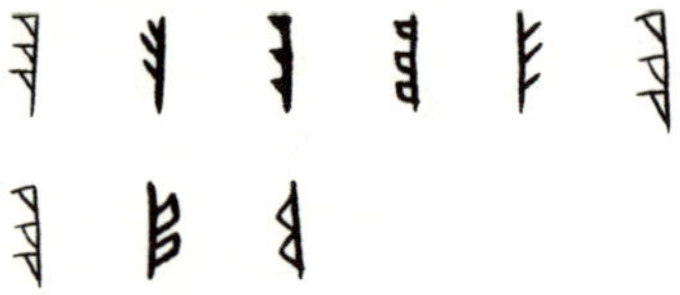

两周金文

秦小篆

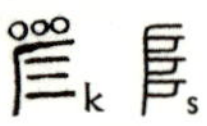

现代楷书

阜

　　"阜"字在形声字中，常被用以为代表山陵的意义符号。许慎的《说文解字》："𨸏，大陆也，山无石者，象形。凡阜之属皆从阜。𠃤，古文。"说"阜"的字形像一座土山的形状。至于如何像一座土山，段玉裁的注解说："象可拾（shè）级而上①。"原来是认为为了上下山坡的方便，把山坡的路修成有阶级的形状，所以用以代表山。但是对照甲骨文的字形与字义，恐怕这种解说不太对。

　　"阜"的小篆字形与商代的甲骨文字形没有太大的差异

---

① 拾级而上：逐步登上台阶。

（▯▯▯）。但甲骨文"阜"字的阶级看起来都在同一条直线上，与山坡的阶级是在一个斜面上不一样。甲骨文在描述山陵时，总是作两斜线相交的山峦的样子，如"山"（▯▯）（金文更传神，作▯▯）。如果描述比较复杂的有关字形，就把山形竖立起来而作▯。如意义为除草的"薅"（▯），作手（▯）拿着蚌（bàng）镰（▯）在山坡上（▯）锄草（▯）之状。简化的字形就把山坡部分写成三斜画向下（▯）。这种省略在金文中更为常见，如山阿的"阿"（▯▯），阴阳的"阴"（▯▯）。与斜线向上的"阜"有很不同的重点，是两样事物。那么"阜"应该是像什么的形象呢？

日本的考古发掘了一个古代的木梯子，乃是利用一根圆木，用斜切和平切的方式挖出一个个的脚阶，作为上下干栏式房子的梯子之用。其外形和甲骨文的"阜"字完全一样。我们可以了解，甲骨文的"陟"（zhì）字作两脚登上木梯之状（▯▯），"降"字则作两脚自木梯下降之状（▯▯）。在创字的时代，梯子应该是常见之物。简化的字形是写成三斜画向上（▯）。

早期人们的住家，从营建技术的观点看，除了借用自然形成的洞穴外，最容易营造的应该就是不必筑墙的地下穴居了。就效用来说，在中国的华北地区，它也有夏天凉爽而冬天避风寒的功能。华北地区是黄土所堆积而成。黄土的土质疏松，孔隙度高，加上垂直毛管的性能发达，每每形成陡崖的形式，很容易用简易的工具向下挖掘坑陷。而且黄土颗粒有轻度胶结性，不易发生崩塌的事故，所以和其他民族的早期住所一样，中国华北就发展了半地下穴式的家居，以适应北地冬天风寒的气候。

中国比较早期的穴居，可以河南偃师汤泉沟的圆形地窟为代表（图一）。其深度超过一个人的身高，用木柱架顶以遮蔽风雨。更早的或只加盖，可开阖以进出，并防野兽侵扰。这种深穴的住家就要借助梯子一类的东西才能进出上下。在六千多年前的仰韶文化时代，简陋的就在坑陷的壁墙上挖刻脚坎，或在中心的支柱上捆缚几道脚踏的木块，或在支柱上斫刻脚坎而具有梯子的雏形（阜的形象）。以后建筑技术改进，面积更大，就可能有移用性的梯子了。

商代已经发展出两层楼房的建筑，更需要使用木梯以便上下。好些字都以木梯作为构件。木梯的"阜"字，简化是三斜画向上，山陵的简化是三斜画向下，两者本是有别的，因字形很接近，就被混而为一，以致有些以木梯为构意的字也被误会为山陵了。如"陵"字（𨸏）甲骨文本作一个人爬上楼梯之状，金文还加上头顶着东西（𨻰𨻰），因两手要攀缘梯子，所以要利用头顶着东西。

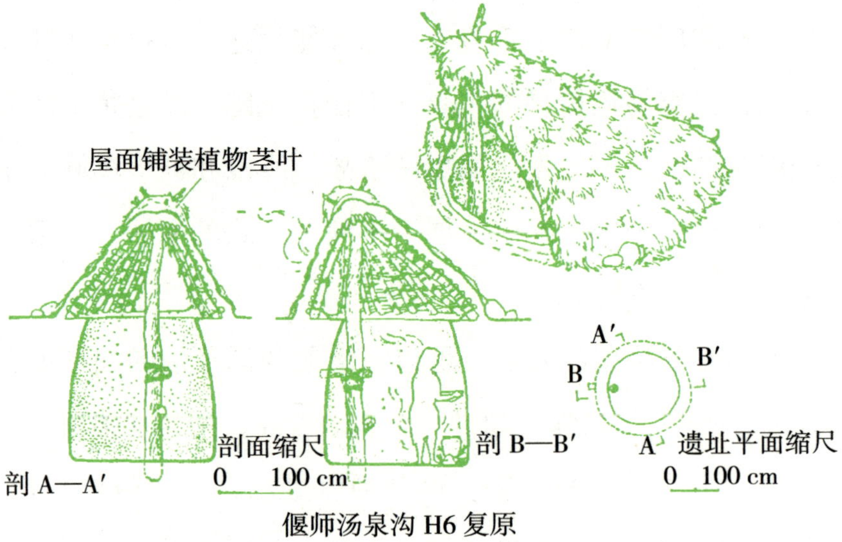

屋面铺装植物茎叶

剖面缩尺
0　100 cm

剖 A—A′

剖 B—B′

A′
B
B′
A 遗址平面缩尺
0　100 cm

偃师汤泉沟 H6 复原

图一 仰韶文化早期的圆形半地下穴式房子复原图

知识链接

窖洞

　　在我国西北黄土高原地区，有一种名为"窖洞"的居住之所。窖洞是一种在土山的山崖上开凿的拱形洞窟式住宅。

　　窖洞可以分成两类：一种是靠崖窖，在天然土崖壁上挖出的拱形窖洞；另一种是地坑窖，也称"天井窖"，在没有崖壁利用的情况下，从地面向下挖坑，再在坑壁上开凿窖洞。

　　虽然窖洞这种洞窟式住宅建造所需材料相对较少，冬季保温效果好，但遇到自然灾害时，容易出现坍塌或土层渗透等问题，承载能力相对较弱。

gāo

高

象高大建筑物之形，口为填白。

◆ 字形变化 ◆

商甲骨文

两周金文

秦小篆

现代楷书

高

　　中国华北地区，属干燥气候，可以采用向地下挖掘的简单方式构筑穴居。但是华南地区，属温热潮湿的气候，在六千到三千多年前之间，其年平均温度比现今高出二摄氏度以上。人们不利于长久在潮湿地面睡卧，只好发展高难度的地面上的干栏建筑。干栏建筑有可能发展自栖身树上。它是先在地上竖立多排的木桩，然后在木桩上铺板、设廊、架屋、盖顶、分室。如六千多年前的余姚河姆渡遗址，在背山面水的地点竖立了十三排木桩，可以复原为带前廊的干栏式长屋。其形状可能像汉代的陶明器房屋模型（图一）。

　　干栏式建筑比地下穴居的构建大大费工和费时，大多发现于华南各省，显然是为了适应多雨燠热的气候，不得不以干栏的方式来隔离潮湿的地面以方便生活。后来气温渐降低，雨量也减少，人们也废除搭建干栏的麻烦，将房子建在地面上，于是就在屋里架设高于地面的大床铺，以为睡眠、休息、活动之用。虽然从外表看不出是干栏式的建筑，其结构却与干栏式并无二样，以前台湾的建筑就是这种房屋的变化形式。不但是居处，就是墓葬的构筑也反映它们地理环境的差异。华北地区都采用竖穴形式，即向地下挖洞，埋尸其中，一若居住半地下穴式房屋。华南则陈尸地上，封土成墓冢①。尸体下也常铺有石块以隔绝潮湿，一若在干栏上生活。

干栏式的房屋表现在甲骨文的"京"字上，作一座在三排木桩上修建的斜顶建筑物形（𩾌𩾌𩾌𩾌）。在华北地区，建于干栏上的房子自然要比建在地面或穴居的高耸，所以高耸的建筑物就叫作京。政教中心的地方常有高耸的建筑物，故称为京都。甲骨文"高"字与"京"字的结构类似，也以高耸的建筑物表达其意义（𩾌𩾌），但不是建筑在干栏之上，后来增加的口（𩾌𩾌）的部分，大致是无意义的填空。高楼不但可以防湿、防水，居高临下，也便于侦察、防御，而且远远就可望见，能提高统治者的威势。东周到汉代的君主迷信神

① 墓冢：指隆起的坟墓。

仙的存在，为了更接近天上的神仙，楼台就越建越高，《史记·封禅书》记载汉武帝为亲近神仙而大建高楼，有达到一百米高者。木构建筑不能承受如此高楼的压力，那是建筑在呈阶梯状的土层上，每阶梯只建一层。这种高楼的建造费高，但都是取自老百姓，所以常以高楼联想及暴君。

　　华北在古代比今日温湿得多，半地下的穴居不免也有潮气，也不利长久的居住，因此人们就做种种的防湿设施。最先是用火烧硬地基，接着用蜃灰①铺涂地表以吸收潮湿，最后是使用费工的夯打方式使房基坚实而不透水。商代已比较常用这种夯打的方式建造尊贵者的房子。只有贵族才有资力用夯打的方法修建房屋，且必是较大型的、特别的建筑物才用。故甲骨文的"享"字，作一座斜檐的建筑物立在高出地面的土台上之状（𠅣𠅣）。"享"有享祭的意义，一定来自它是种祭祀鬼神的庙堂建筑，而不是一般的家屋。祭祀在古代是国家最重要的施政大事，祭祀的场所也往往是施政的地方，当然会不惜工本，用最费工的夯筑方法修建。

_____

① 蜃灰：又称为蛎灰，是一种建筑材料，主要成分为碳酸钙。

图一　华南地区干栏式房子的模型

lóu

楼

在干栏上所建的二层楼房。楼可能假借为数，
《大克鼎》"今余唯緟楼乃令"意为重数，重述。

◆ 字形变化 ◆

商甲骨文

两周金文

秦小篆

现代楼书

楼

　　长江是中国南北的自然分界，江南和江北的气候与土质条件一直都有着显著的差异。古代为适应此种自然条件的差异，就发展了两种住家的基本形式，一是华北的半地下或地面的，一是华南的高于地面的。

　　就营建技术的观点看，最容易的住所是不必筑墙的地下穴居。就效用说，它也夏天凉爽而冬天可避风刮之苦。因此和其他民族的早期住所一样，华北就发展了半地下穴式的家居，以适应冬天风寒的气候因素。人们所挖地穴的面积越来越大，但深度却越来越浅，终于把地基完全升到地面上而成为有墙壁的构筑了。

华南在六千到三千年前之间，其年平均温度更比现今高二摄氏度以上，降雨量也超过二千毫米。其地面潮湿，很难采用半地下穴式的住所，故发展高于地面的干栏建筑。干栏建筑是先在地上竖立多排的木桩，然后在木桩上架屋。如以六千多年前的余姚河姆渡遗址为例，在背山面水的地点竖立了十三排木桩，可以复原为带前廊的干栏式长屋。

有了建造干栏房子的技术，只要把干栏的支架部分围起墙壁来就是两层的楼房了。华北地区学得华南先进的木构建筑技术，就可以在坚实的地基上建造二层楼房，甚至是多层的楼房，以显示统治阶层的威望。商代有二层楼房的建造，从柱础（chǔ）[1] 排列的痕迹可看出建造的证据。甲骨文有二字，一形作建筑在干栏上的两层建筑物（楼），一形作建筑在坚实地基上的两层建筑物（台）。这两字后来被形声字所取代，可能前者为"楼"，后者为"台"。西周的时候，楼字还见于《大克鼎》《师兑簋》等铜器铭文，"今余唯缵（重）楼乃令"。于此，"楼"假借为从攴娄声的"数"，铭文的意思是再次计数其先人的功业而给予职务的任命。

高楼不但可以防湿防水，它居高临下，也便于侦察、防敌，而且远远就可望见，能提高统治者的威势。木构建筑的

---

① 础：柱子下的墩子。

柱子不能承受多层高楼的压力，就建筑在呈阶梯状的土层上以增高耸的外观。商代已有在高台上盖楼以资纪念及夸耀的风气。东周到汉代的某些君主迷信神仙的存在，为了更接近天上的神仙，楼台就越建越高，《史记·封禅书》记载汉武帝为亲近神仙而大建高台，有达一百米高者。

到了东汉，可能因为陶砖的发明，墙壁也起了支撑的效用，像图一的三楼以上的塔楼就可以建筑了。此塔楼不但有壕沟保护，楼上下还有装甲的武士在巡守着，以确保塔楼里的家人、宾客的安全。越是富裕的人家，越容易得到强有力的盗贼的觊觎 ①，因此越有钱的人家，保护的武力越要庞大。在古代，有徒众也是种威权的具体表征。与司马相如私奔的卓文君，其父卓王孙就拥有家童八百人。可以想象，当主人与宾客在顶楼远眺延伸的庄园，享受美酒珍食、歌舞弦乐，冥想永恒的来世时，护卫们谨慎戒备的气氛。

---

① 觊觎：不好的企图。

图一 铅绿釉红陶塔楼

高一百二十厘米，东汉，公元二世纪中期至三世纪早期

xī

昔

大水为患之日，已是往昔之事。

◆ 字形变化 ◆

商甲骨文

两周金文

秦小篆

现代楷书

昔

　　人需要食物，所以居住地点的选择是易于获得食物及水的地方。河流是取水最容易的地点，但河流水量与季节有密切的关系，落差有时可达二三十米。为了避免雨季水涨的灾难，古人就选择较高亢而可免水灾的地点栖身。但人口的压力迫使人们逐渐往山下搬移，居住地域渐扩大，以至要到平地建立村落，发展农业。但移居平地就不免有水患的困扰。

　　人类从山上迁居平原而要与水奋斗的过程是艰辛而历时久长的。商人建国的过程就是一个好例子。商人栖息的地域是黄河下游的冲积区，其地区很少发现五千年以前的遗址。黄河的某些段落河道浅，泥沙多，密集的雨水常使河道宣泄不及而造成泛滥。黄河小规模的决堤时时有之，以清代乾隆一朝为例，就有河南地区的七次，江淮地区的十一次。

商代的气候比现在温暖，雨量较充沛。那时没有什么水利设施，黄河肯定较后世更易造成灾害。根据《史记·殷本纪》，从商的始祖契到汤建国时（约在公元前一千七百年），共迁徙八次。从商汤到盘庚建都于安阳之前，又迁徙了五次。以他们所栖息的地理环境，迁徙时所做的宣言，推测商人经常为洪水所苦，大多数的迁移主要是为了避免水灾。

商人提到过去的日子用"昔"字表示。甲骨文的"昔"字由灾及日两个构件组成（图图）。"灾"① 是大水的灾难，字取象洪水浩荡，波浪重叠翻滚之状（图图）。"日"为太阳的象形，表示大水为患的时代。大水在目前还是一种难于防范的大灾难，古人更是难于为力。故使用水患来表现灾难的概念。大水为患已是过去的事，所以用以表达过去的日子，表示商王朝后期已不视水患为严重的问题了，故盘庚迁都安阳之后，二百多年不再迁都。因水灾已不是常见的祸害，所以"灾"字就渐渐以新起的灾难取代往昔的水患，如图为以兵刃之灾创意，图为以火烧房屋表意。

或以为高厚城墙的修建是为了防御敌人的入侵，是有

---

① 灾：异体字是"災"。

激烈战争后的高度文明产物。这个意见值得挑战。首先是城墙修建的时代。河南郑州北郊西山遗址，发现兴建于仰韶庙底沟类型而废弃于秦王寨类型时代的圆形城墙，年代约在五千三百年至四千八百年前。历史学家认为其时的社会还未进入建立国家的形态。

其次是，有些城墙的内外都筑有斜坡以增强墙的强度。它们的坡度小于四十五度，是防水的堤防常见的形式，可以有效防止水对墙根的侵蚀而导致崩坏，但非常不利于防守敌人的入侵。有些城墙甚至内侧没有护城斜坡，外侧却有坡度不到四十度的土石结构的护城坡，很容易让敌人走上去。

还有，河南安阳作为商代后期的王都超过二百年。照理说，应该修筑有周全而坚固的城墙以防御敌人的入侵。但是考古学者几十年来密集调查和发掘，始终不见城墙的痕迹。商被周的联军一击败溃而亡国，以致纣王火焚自杀，很可能就是因为没有坚固的城墙可拒守，以待援军的到来。安阳的地势高亢，有时附近虽有大水，但都不曾对它构成危害。也许商的王室是因安阳的地势较四周为高，没有严重的水患，故认为没有必要筑城，还看不出筑城有军事上的用途。如何解决河流泛滥才是最初的切要问题，后来因发现它有抗拒敌人的重要作用而广加修筑，甚至在不虞水患的地点也要修建以防御敌人。

chén

陈

可能表达以土包在山上布置防御阵线之意。

◆ 字形变化 ◆

两周金文

秦小篆

现代楷书

陈

　　《说文解字》收有"陈"、"𩏶"（阵）两字，应该是同一字的分化。大陈岛的闽南语读音即为大阵。在古籍里，"陈"更常当作"阵"字使用。《说文解字》对这两字的解释："𨸏，宛丘也。舜后妫（guī）满之所封。从𨸏从木，申声。𨸏，古文陈。""𩏶，列也。从攴，陈声。"国名是借音，是很晚才有的，陈列才是原来的意义。

　　目前的资料，"𩏶"字首见于金文，由三个构件组合而成（𩏶），并没有申的成分，所以《说文解字》的分析是有问题的。此字最左边的部分是𨸏，这个𨸏是竖立的山的形象（三短斜线向上的是楼梯的形象）。最右边的是攴，作手拿棍子的形象。中间的是东，是大型囊袋的形象。从使用的意义与字的结构做联想，这个字的创意大致来自在山阜之旁，手持棍棒在扑打一个沙袋。可以推测这是在建筑防御工事。防御工事不是把沙袋堆上去就好了吗，为什么要用棍子去敲打呢？当然这是有其必要的。

原来防御工事不是针对敌人的侵犯，而是洪水。如果是战阵，只要有坚硬的东西布置在前面，就可以阻挡敌人的进攻了，这些袋子没有必要多花力气加以扑打。但是如果防备的东西是无孔不入的，那就要把细微的空隙也填塞起来才能起作用。那么这个防备的对象就是水了。

如果防备敌人的攻击，还可以用石墙或土墙，但防御水灾就不能这样。防御水灾是暂时的，不是永久的结构，用固定性的石墙或土墙，事后拆除还要费很多力气。而且石墙不免有孔隙，不能防止水的渗透。用沙包或土包，可以随时加高，移除也很方便。沙包有相当大的可塑性，沙包与沙包之间的孔隙可以用扑打的方式加以密合，可以有效防止水的渗透，所以布阵的创意要有手持棍棒加以扑打的动作。后来简化，省略了支的部分而成"陈"，大概又由"陈"变化为"阵"。

为什么要创造这样的字呢？早期的人为了取水的方便，同时也为避免河流泛滥的灾难，都选择在山上居住。人口的增加，迫使人们往山下发展，才有较大的生活空间。但是越靠近平地，水灾的威胁就越大，也就不得不想办法对抗水患。商人建国的过程就是一个与水灾奋斗的好例子。商人栖息的地域是黄河下游的冲积区，此地区很少发现五千年以前的遗址。黄河的某些段落河道浅，泥沙多，密集的雨水常使河道宣泄不及而造成泛滥。商代之前的几千年间，气候比较温暖，雨量较充沛，因此水灾也比较容易发生。根据《史记·殷本纪》，从商的始祖契到汤建国时（约在公元前一千七百年），共迁徙八次。从商汤到盘庚建都于安阳之前，又迁徙了五次。从他们所栖息的地理环境，迁徙时所做的宣言，推测商人的迁移主要是为了避免水灾。

知识链接

盘庚迁都

商朝曾迁都多次，从商的始祖契到汤建国期间就曾迁都八次。汤之后的君王也有迁都的记录，其中最有名的当属盘庚迁都。

《史记·殷本纪》记载："帝盘庚之时，殷已都河北，盘庚渡河南，复居成汤之故居，乃五迁，无定处。殷民咨胥皆怨，不欲徙。盘庚乃告谕诸侯大臣曰：'昔高后成汤与尔之先祖俱定天下，法则可修。舍而弗勉，何以成德！'乃遂涉河南，治亳，行汤之政，然后百姓由宁，殷道复兴。"可见，盘庚迁都也不是一帆风顺的，迁都耗时耗力，臣民多有怨言，《尚书·盘庚》三篇即是盘庚在迁都前后对臣民的训诰。

guō　　　yōng
郭、墉

四面有看楼的城墙建筑。

◆ 字形变化 ◆

商甲骨文

两周金文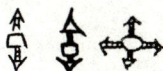

秦小篆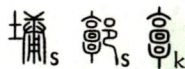

现代楷书　　郭、墉

　　从字的创意观点来检讨，商代的甲骨卜辞是用刀刻在龟甲或牛肩胛骨上的。由于刻刀不便刻画曲线，所以常把圆形的刻成方形或多角形，作圆形的必是较早、较原始的写法而更近于写实。甲骨文有"郭"字，作一座四个方向都有看楼的城墙之状。甲骨由于用刀刻不便画圆，城周大都作方形，但也有作圆形者，后来也省略了左右两个方向的看楼。

　　关于城周的形状，目前所发现最早的城墙建筑要推河南郑州北郊西山遗址，兴建于仰韶庙底沟类型的时代，而废弃于秦王寨类型的时代，年代约在五千三百年前至四千八百年前之间。其平面略呈圆形，与甲骨文所描写的形象一致。但是较大量的早期城墙都建于龙山文化的晚期，诸如山东章丘城子崖、河南登封王城岗、淮阳平粮台等，其平面都作方形。就发展的程序讲，圆形的建筑一般要早于矩形的。如圆形的穴居要早于矩形的地面建筑。经常移动的游牧民族也喜欢采取较省力的圆形形式，而定居的农耕民族就多采用矩形的形式。甲骨文因刀刻不便画圆的缘故，大都把圆形的东西刻成矩形。因此甲骨文的城郭字既然以圆形的形状表示，就表示创造文字者所见的城周是圆的。虽然商代已不见圆形轮廓的城址，字形却保留了古代所见的正确形象。因此其创造文字的时代应是方形城周的时代之前，即其年代至迟不晚于修建矩形城墙的龙山文化晚期。龙山文化晚期的下限是公元前二千年。所以商代的文字有些承继自公元前二千年以前已有的文字应不是好高骛远的论调。

知识链接

西山遗址

　　西山遗址是仰韶文化晚期聚落遗址。位于河南郑州古荥镇孙庄村西，现存城址面积约 1.9 万平方米。年代距今 5300—4800 年。

　　西山遗址发现于 1984 年，其城周的形状呈不规则圆形，夯土城墙残长约 265 米，采用分块版筑法建造。西山遗址是中国发现最早期的城址之一，为全国重点文物保护单位。

gòu

冓

两木构件以绳索捆缚的相互交接之状。

◆ 字形变化 ◆

商甲骨文

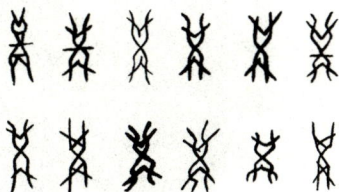

两周金文

秦小篆

现代楷书

冓

　　《说文解字》："冓，交积材也。象对交之形。"许慎对于"冓"字创意的解说非常正确。这是以古代建筑的技术来造字的。比较复杂的住屋都要有梁与柱的结构，木结构交接的地方，华南或使用较先进的榫与卯的套合，华北则只见捆绑的方式。那是将木头的端部稍微削尖，用绳子捆缚牢固后，再涂上泥巴固定。甲骨文正表现两根削尖的木头用绳索捆缚之状。所以"冓"字的重点是两个东西的交会。

　　越是进步的社会，需要记录的事情越多，很难给每一个意思都造一个字去表达。因此想出了两个办法以解决使用上的困难，一是引申，一是假借。引申的方法是扩充一个字的意思。如果某些概念之间可以找到共通的特性，或是其意义有先后层次发展的关系，不妨使用一字去表达众多的意义。后来为了要分别本义与其扩充的意义，并确定各自的字形，有些字就在字源上分别加上水、火、木、人、衣、心、口、言、手、页、彳等不同意义的类属，就成了不同字形的形声字。

yōng

雍

养有鸟，有水池的宫苑。

◆ 字形变化 ◆

商甲骨文

两周金文

秦小篆

现代楷书

雍

　　中国文字有"邕"与"雝"（雍）两字，《说文解字》的
解释，"邕"是四面有水环绕的区域，"雝"是一种鸟的名字。
这两字的创意有所关联，"邕"字应该是"雍"的简化。甲骨
文有"雍"字，繁写时由水、宫、隹（zhuī）组成（🦅🦤），
简写则由宫与隹组成（🦅🦤）。🏠是现今的"宫"字，作有分
室的地基或有多块方整形状的地基状。强调在一个屋顶之下
有隔间，故有些字形作多个隔间之上有屋顶之状（🏠🏠）。有
不同用途隔间的房子在后代虽是很普遍的，但在早期，那种
建筑是主持政教大事的所在，被视为富丽堂皇的宫殿，故
"宫"有宫殿、宫庙、宫廷的意义。所以"雍"字的创意是

表达一处居住区有水有鸟。在古代，这是特大的贵族才有办法建造的大房子，建筑群里有提供工作后回家休息的休闲生活设计，所以"辟雍"为皇帝的起居处。金文的"雍"字还保留甲骨文的字形（𧯎 𧯎），小篆则把宫改为邑，水换成川（𨖑）。

人们的活动离不开家。当经济的情况有了改善时，人们首先要改善的就是住家的条件。华北在七八千年前住的是比人身还高的地穴，慢慢改进到在地面上建房子，然后是屋子里有隔间，区分隐秘的私生活与公开的生活空间，再进一步就是装饰屋子使更为美观，设照明设备增加夜间的活动，焚香使空气舒适。最高级的则是不必旅行出外，在家里就可享受山林野趣之乐。

商代的宫殿遗址已有几处被发掘出来，规模已相当大，台基有达到八十五乘十四米半的，可想见其建筑规模的宏伟。从"雍"字的宫殿有水及鸟，可想见表达了建筑群里有流水，有鸟鸣，让枯燥的建筑有活力，居住起来舒服些，是住家有休闲空间的设计。可是从发掘的现象看，都不像里头有流水经过的样子。商王在处理国事之后，不免也需要纾解烦劳，从"雍"的字形也能肯定当时必有提供商王纾解心情的建筑。甲骨文还有"囿（yòu）"字，作在一处规划的范围内有分区种植众多树木花草之状（𡆠 𡆥）。卜辞有占问商王前往某个囿苑，囿内所特意栽植的黍是否香。有可能商代还没有想到让住家有山林之乐的设施，如果王想让心情轻松一下，就要旅行到另外一处地点。

到了西周初期，情况就有了变化。陕西岐山发现一群不晚于西周早期的大型建筑遗存，是目前所知最早有严格对称布局的实例，是华北地区四合院设计的直接前身。大门是两扇式的，门前竖碑用以遮挡门外的视线，保持院内的隐蔽，两侧则是守卫的两塾。进门后为中庭，然后是办公事的厅堂。厅堂之后的院子有流水通过，然后是寝室房间的住家部分。可以推测，此流水是台榭、花草、鸟虫的幽雅休闲生活的住家生活设计的一环。

就像图一这一组唐代的三彩建筑明器，图二是这座建筑的后院中的假山水池。背景为数峰并立的高山，山峦层层叠叠，怪石嶙峋，山峰间则青松挺拔。主峰上一小鸟，俯视山下，作展翅欲飞之状。两边的侧峰则各立一鸟，相向若对歌一般。山脚下有一池碧水，池底则数尾游鱼。池畔又有两鸟，一上一下引颈畅饮。好一幅人间休闲的仙境美景。这岂不是甲骨文"雍"字所描写的景象吗？

图一

图二 三彩釉瓦陶假山水池

高十八厘米，唐，约公元七〇〇年至七五〇年

知识链接

宫殿

　　宫殿常常是一个国家最宏大、最华丽的建筑群，是古代帝、后、太子等居住的房屋。很多朝代的帝王都大兴土木，修建宫殿，比如秦始皇统一中原后，就建造了闻名天下的"阿房宫"。

　　据《史记·秦始皇本纪》记载："先作前殿阿房，东西五百步，南北五十丈，上可以坐万人，下可以建五丈旗。周驰为阁道，自殿下直抵南山。……隐宫徒刑者七十余万人，乃分作阿房宫，或作丽山。发北山石，乃写蜀、荆地材皆至。关中计宫三百，关外四百余。"由此可以看出，当时关（指函谷关）内建有宫殿300座，关东建有宫殿400多座，有70多万人参与了阿房宫和骊山墓的建造。

著作权合同登记号：图字 18-2022-092

图书在版编目（CIP）数据

文字小讲：青少版. 汉字里的古代生活 / 许进雄著
. -- 长沙：湖南文艺出版社，2022.10
ISBN 978-7-5726-0872-8

Ⅰ. ①文… Ⅱ. ①许… Ⅲ. ①汉字—青少年读物
Ⅳ. ① H12-49

中国版本图书馆 CIP 数据核字（2022）第 175639 号

上架建议：少儿读物

WENZI XIAO JIANG：QINGSHAO BAN．HANZI LI DE GUDAI SHENGHUO
文字小讲：青少版．汉字里的古代生活

著　　者：许进雄
出 版 人：陈新文
责任编辑：刘雪琳
策划编辑：文赛峰　温宝旭
特约编辑：何思锦
营销支持：付　佳　杨　朔　付聪颖　周　然
版权支持：张雪珂
装帧设计：梁秋晨
内文绘图：知否工作室
封面绘图：知否工作室
内文排版：金锋工作室
出　　版：湖南文艺出版社
　　　　　（长沙市雨花区东二环一段 508 号　邮编：410014）
网　　址：www.hnwy.net
印　　刷：三河市中晟雅豪印务有限公司
经　　销：新华书店
开　　本：680mm×955mm　1/16
字　　数：105 千字
印　　张：11
版　　次：2022 年 10 月第 1 版
印　　次：2022 年 10 月第 1 次印刷
书　　号：ISBN 978-7-5726-0872-8
定　　价：39.80 元

若有质量问题，请致电质量监督电话：010-59096394
团购电话：010-59320018